Vampirii energetici

Cum să îi identifici și să te protejezi

Dan Desmarques

22 Lions

Vampirii energetici: Cum să îi identifici și să te protejezi

Scris de Dan Desmarques

Copyright © 2024 de Dan Desmarques. Toate drepturile rezervate.

Nici o parte a acestei publicații nu poate fi reprodusă sau transmisă sub nicio formă sau prin niciun mijloc, electronic sau mecanic, inclusiv prin fotocopiere, înregistrare sau prin orice sistem de stocare și recuperare a informațiilor cunoscut sau inventat ulterior, fără permisiunea scrisă a editorului, cu excepția unui recenzent care dorește să citeze scurte pasaje în legătură cu o recenzie scrisă pentru a fi inclusă într-o revistă, ziar sau emisiune.

Index

Introducere		VII
1.	Capitolul 1: Vampirii energetici	1
2.	Capitolul 2: Validarea prin distrugere	5
3.	Capitolul 3: Strategii pentru supraviețuirea relațiilor narcisiste	9
4.	Capitolul 4: Depășirea negativității	13
5.	Capitolul 5: Aritmetica proștilor	17
6.	Capitolul 6: De ce se opun proștii schimbării	21
7.	Capitolul 7: Cum încetinește prostia progresul	25
8.	Capitolul 8: Nevoia de a eticheta prostia	29
9.	Capitolul 9: Efectele dramatice ale grupurilor DSM-5	35
10.	Capitolul 10: Interacțiunea patologiilor de personalitate	39
11.	Capitolul 11: Tulburările de personalitate în viața de zi cu zi	43
12.	Capitolul 12: Noroiul de sub picioarele noastre	47

13. Capitolul 13: Leacul emoțional al empaticului — 51
14. Capitolul 14: Mecanisme de coping ale personalităților din grupul B — 57
15. Capitolul 15: Cum văd lumea personalitățile Cluster B — 61
16. Capitolul 16: Identificarea personalităților grupului B — 65
17. Capitolul 17: Ipocrizia sentimentului anti-imigrație — 73
18. Capitolul 18: Impactul imigrației asupra culturii americane — 79
19. Capitolul 19: Mentalitatea binară — 85
20. Capitolul 20: Tendința de confirmare și camerele de ecou — 91
21. Capitolul 21: Cea mai bună versiune a ta — 97
22. Glosar — 103
23. Bibliografie — 107
24. Cerere de recenzie de carte — 109
25. Despre autor — 111
26. Scris tot de autor — 113
27. Despre editor — 119

Introducere

Într-o lume plină de forțe invizibile și influențe oculte, există un fenomen care secătuiește în tăcere vitalitatea a nenumărați oameni: vampirii energetici. Aceste ființe evazive, adesea deghizate în oameni obișnuiți, au capacitatea extraordinară de a secătui forța vitală a celor din jurul lor, lăsându-și victimele epuizate, confuze și secătuite emoțional.

Bazată pe ani de experiență personală și pe cercetări aprofundate, această carte revoluționară prezintă o explorare convingătoare a acestei probleme larg răspândite. Vampirii energetici: Cum să îi identifici și să te protejezi servește atât ca un avertisment, cât și ca un ghid, aruncând lumină asupra colțurilor întunecate ale interacțiunii umane și oferind informații valoroase despre natura acestor indivizi sugători de energie.

În paginile acestei cărți, cititorii vor porni într-o călătorie de descoperire, învățând să recunoască semnele revelatoare ale vampirilor de energie și înțelegând impactul profund pe care aceștia îl pot avea asupra vieții noastre. Cartea se adâncește în psihologia acestor indivizi, explorându-le motivațiile, comportamentele și structurile sociale care le permit adesea influența distructivă.

Această carte este mai mult decât o expunere a personalităților negative. Este o chemare la acțiune, oferind cititorilor strategii practice pentru a se proteja de efectele debilitante ale vampirilor de energie. De la stabilirea limitelor la cultivarea conștiinței de sine, cartea oferă un set complet de instrumente pentru menținerea bunăstării emoționale și spirituale în fața acestor întâlniri secătuitoare.

Mai mult, „Vampirii energetici" îi provoacă pe cititori să privească dincolo de suprafață, punând la îndoială normele societale și convingerile adesea neexaminate care ne pot ține prinși în cicluri de negativitate și îndoială de sine. Cartea încurajează o schimbare de paradigmă, invitând cititorii să își îmbrățișeze adevăratul potențial și să se elibereze de limitările impuse de alții.

Pe măsură ce întoarceți aceste pagini, pregătiți-vă să vi se deschidă ochii asupra unei realități ascunse care, probabil, v-a influențat viața în moduri pe care nu vi le-ați imaginat niciodată. Înarmat cu cunoștințele și instrumentele oferite în această carte, veți putea naviga în peisajul complex al interacțiunilor umane cu mai multă claritate, încredere și putere personală.

Îmbarcați-vă în această călătorie transformatoare și descoperiți cum să vă revendicați energia, să vă protejați spiritul și să deveniți cea mai bună versiune a voastră - liberă de influența vampirilor energetici.

Capitolul 1: Vampirii energetici

Din experiența mea, a fi în preajma vampirilor energetici este incredibil de secătuitor. Este ca și cum energia îmi este suptă din corp și sfârșesc prin a mă simți epuizată și chiar bolnavă fizic. Există o anumită frecvență pe care acești oameni o radiază, o frecvență asociată cu o inteligență scăzută și cu incapacitatea de a înțelege lumea din jurul lor, iar această frecvență este atât de neplăcută încât doar a fi în preajma lor, ca să nu mai vorbim de a interacționa cu ei, se simte ca un efort imens. Simți că nu poți gândi clar sau raționaliza, darămite să te concentrezi asupra unor sarcini dificile sau să citești o carte.

Această scurgere de energie se produce nu doar în preajma lor, ci și la distanță. Narcisiștii, în special, se gândesc mereu la cei pe care îi consideră superiori lor, fie în ceea ce privește inteligența, creativitatea sau orice altă fațetă a vieții. Ei au mereu fantezii despre cum să îi doboare pe acești oameni și concep mereu strategii pentru a face ca aceste fantezii să devină realitate. Gândurile lor împotriva noastră sunt o scurgere constantă a energiei și motivației noastre. Chiar și atunci când nu vorbesc, le pot simți ura și dorința de a-mi face rău. Este ca și cum ar complota în tăcere împotriva mea în mintea lor, secătuindu-mi forța vitală cu fiecare clipă care trece.

Dacă abilitatea de a comunica telepatic ar fi răspândită printre toți oamenii de pe planetă, ceea ce descriu aici ar fi foarte evident, dar acesta este și motivul pentru care narcisiștii se tem și chiar ridiculizează acest subiect. Celelalte două subiecte de care narcisiștii se tem și pe care le ridiculizează cel mai mult sunt inteligența extraterestră - pentru că nimic nu-l sperie mai mult pe un narcisist decât cineva de o mie de ori mai inteligent - și reîncarnarea, pentru că dacă lumea ar afla că ei au făcut rău altora timp de mai multe vieți, și nu doar în aceasta, ar fi sfârșitul lor, care nu ar mai avea nici măcar argumente pentru a se apăra.

Pentru că trăim pe o planetă plină de prostie, aceste trei probleme extrem de importante sunt și mai mult suprimate, iar majoritatea oamenilor nu sunt interesați să afle mai multe despre aceste subiecte extrem de controversate. Cu toate acestea, nimic nu sperie mai mult un mincinos decât cineva care îi poate citi gândurile; nimic nu înfurie mai tare un idiot decât cineva care știe că este un idiot; nimic nu sperie mai mult o personalitate periculoasă decât posibilitatea ca toate crimele din viața sa anterioară să fie expuse și să fie pedepsită pentru ceea ce încearcă cu disperare să ascundă de ceilalți.

Această cunoaștere nu provine din experiența subiectivă, ci din diverse studii științifice care par cumva invizibile pentru majoritatea. De exemplu, studii recente au arătat că persoanele care obțin rezultate slabe la testele de inteligență sunt mai susceptibile de a avea un impact negativ asupra celor din jur. Ei tind să fie mai critici, mai critici și mai instabili emoțional decât omologii lor mai inteligenți. Cercetătorii au găsit, de asemenea, dovezi care leagă capacitatea cognitivă scăzută de atitudinile negative față de minorități. Cercetările efectuate de Duckitt și Sibley (2009), publicate în revista Intelligence, au arătat că participanții cu scoruri scăzute la testele cognitive erau mai predispuși să susțină stereotipurile și să aibă opinii nefavorabile despre imigranți și homosexuali. Acest lucru ne spune că oamenii proști sunt mai invidioși, dar și mai rasiști și mai predispuși la discriminare.

Cu cât o societate este mai proastă, cu atât declinul ei este mai rapid. Acest lucru este dovedit de un studiu realizat la Universitatea din California, Berkeley. Aceștia au studiat relația dintre intelect și interacțiunile interpersonale. În timpul experimentului, participanții au fost supuși unor evaluări ale abilităților lor intelectuale și și-au dezvăluit tendințele spre conflict, critică și volatilitate emoțională. Rezultatele au arătat că persoanele cu abilități cognitive mai scăzute erau mai predispuse la aceste caracteristici negative.

Aceste studii sugerează că inteligența poate juca un rol important în determinarea anumitor comportamente sociale, inclusiv negativismul, prejudecățile și agresivitatea.

Cred că motivul pentru care oamenii proști au un efect atât de negativ asupra societății este că ei caută în mod constant validarea și aprobarea de la persoane pe care le consideră superioare lor, înjosindu-i pe ceilalți, în special pe cei pe care îi consideră amenințări la adresa fațadei lor. Ca urmare, aceste personalități sunt atât de egocentrice încât dărâmă o țară întreagă prin comportamentul lor și, în același timp, pun în pericol viitorul planetei înseși atunci când îi vizează pe cei mai inteligenți oameni dintre noi. Acest lucru este valabil mai ales în cazul hărțuirii cibernetice, deoarece deschide ușa pentru oricine are această nesiguranță de a viza pe oricine altcineva de pe planetă cu un potențial mai mare de a-i ridica pe ceilalți.

Capitolul 2: Validarea prin distrugere

Narcisiștii tind să fie incredibil de egocentrici și concentrați pe propriile neajunsuri, ceea ce poate face dificilă empatia cu ceilalți. Această lipsă de empatie alimentează, de asemenea, o mentalitate de prădător care le oferă un avantaj față de toți ceilalți, în special în domeniile în care emoțiile pot fi un dezavantaj. Acest lucru este valabil în special în armată și poliție, finanțe, marketing, politică, mass-media, drept, mediul academic, medicină și tehnologie. Marea majoritate a celor mai distructivi membri ai societății se găsesc tocmai în domeniile în care societatea este cea mai vulnerabilă. Ei sunt oamenii care fac legile, le aplică altora și le fac publice la știri. Nu este de mirare că lumea este atât de dezastruoasă.

Complexitatea comportamentului oamenilor proști duce la un cocktail toxic de negativitate care poate avea un efect profund asupra modului în care ne simțim cu privire la noi înșine, asupra potențialului nostru de succes în lume și asupra modului în care interacționăm cu lumea din jurul nostru. Dar ce putem face pentru a ne proteja de haosul și prostia cauzate de cei mai răi și mai proști oameni din lume? Iată câteva sfaturi:

Stabiliți limite: Dacă știți că a fi în preajma oamenilor proști vă face să vă simțiți secătuiți și epuizați, este important să stabiliți limite. Limitează-ți interacțiunile cu acești oameni cât mai mult posibil și încearcă să eviți situațiile în care ești forțat să interacționezi cu ei pentru perioade lungi de timp. Cel mai important, nu le permiteți să vă pună în situații în care sunteți vulnerabili, cum ar fi înconjurați de membrii familiei pe care i-au condiționat deja să vă urască cu minciuni pe care alții au fost prea proști să le pună la îndoială. Acești oameni nu sunt dispuși să își recunoască greșelile și să își regrete deciziile, iar alimentarea dramei lor nu va face decât să vă înrăutățească reputația în ochii membrilor de familie neștiutori.

Dispăreți și nu spuneți nimic: Dacă sunteți într-o relație cu o persoană toxică, să vă plângeți sau să îi spuneți că veți pleca dacă va continua să facă același lucru nu va face decât să o ajute să vă vadă ca fiind slabă și vulnerabilă și, în același timp, să îi ofere informații pentru a îmbunătăți abuzul. De asemenea, îi permite să pregătească terenul pentru mai multă manipulare, să adune dovezi împotriva ta și să comploteze împotriva viitorului tău, obținând aliați pe care să îi folosească împotriva ta.

Ei pot merge mult mai departe cu aceste conspirații decât îți dai seama. De multe ori au încercat să mă bage la închisoare pe baza unor acuzații inventate, nu doar să mă dea afară. Să fii în preajma narcisiștilor este extrem de periculos, deoarece profită de prostia altora pentru a face o minciună să pară suficient de reală pentru a te băga la închisoare pe viață sau pentru a te ucide. Dar ei sunt, de asemenea, foarte buni în a-ți plănui căderea cu un plan atât de strategic încât te vor prinde în capcane pe care nici nu ți le poți imagina.

De exemplu, una dintre prietenele mele narcisiste m-a convins să merg în Thailanda, știind că nu am prea mulți bani pentru că tocmai îmi părăsisem slujba anterioară, și apoi m-a părăsit acolo. Acest lucru s-a întâmplat după ce am amenințat că plec dacă ea continuă să mă insulte. Dar nu poți negocia cu aceste personalități sau să ai încredere în promisiunile lor, tot ce poți face este să împachetezi și să pleci, ceea ce am și făcut după aceea. Spun asta ca să știți că nu le puteți învinge, pentru că nimeni nu este atât de rău încât să vină cu astfel de scheme.

Oamenii obișnuiți vor respinge rapid poveștile tale despre comportamentul narcisist ca fiind produse ale imaginației lor și te vor numi nebun dacă încerci să le împărtășești, motiv pentru care victimele conspirațiilor narcisiste sunt întotdeauna găsite singure și fără nicio credibilitate. Ei sunt cei nebuni, niciodată narcisiștii în ochii societății. Ceea ce mă duce la următorul meu sfat: nu așteptați ajutor din partea societății, pentru că idiotul obișnuit nu este interesat să vă ajute decât dacă poate primi ceva în schimb.

În cazul narcisiștilor, aceștia îți pot promite că nu te vor abandona niciodată, ci doar pentru a avea mai multe instrumente pe care să le folosească împotriva ta atunci când îți vor păta reputația.

Între timp, dacă vă simțiți secătuit și epuizat, este important să dormiți suficient, să mâncați alimente nutritive bogate în minerale și vitamine și să luați parte la activități care vă fac să vă simțiți fericit, energic și împlinit. Drumețiile pe munte și plimbările lungi m-au ajutat foarte mult atunci când m-am simțit secătuită de aceste personalități.

Capitolul 3: Strategii pentru supraviețuirea relațiilor narcisiste

Relația complexă dintre activitatea fizică și sănătatea mintală a făcut mult timp obiectul unor studii științifice, tot mai multe dovezi sugerând că activitatea fizică regulată poate reduce semnificativ simptomele depresiei și poate îmbunătăți bunăstarea psihologică generală. Cercetările recente au pus în lumină mecanismele neurobiologice complexe care stau la baza acestor efecte benefice, oferind perspective valoroase asupra potențialului exercițiilor fizice ca intervenție terapeutică pentru diverse tulburări de sănătate mintală, în special depresia.

Una dintre cele mai convingătoare descoperiri în acest domeniu provine dintr-un studiu realizat de C. Laske și colegii săi și publicat în International Journal of Neuropsychopharmacology. Această cercetare revoluționară a examinat efectele unei singure sesiuni de exerciții fizice asupra nivelurilor factorului neurotrofic derivat din creier (BDNF) la femeile în vârstă cu depresie majoră remitentă. BDNF, o proteină esențială pentru creșterea, supraviețuirea și plasticitatea neuronală, a fost implicată în mod constant în fiziopatologia depresiei, cu niveluri mai scăzute observate la persoanele cu această tulburare (Laske et al., 2010).

Rezultatele studiului efectuat de Laske et al. au fost impresionante: o singură sesiune de exerciții fizice de 30 de minute a dus la o creștere semnificativă a nivelului BDNF seric la participanții cu depresie majoră remisă, normalizând efectiv aceste niveluri la cele comparabile cu controalele sănătoase. Această normalizare tranzitorie a nivelurilor BDNF este deosebit de notabilă, deoarece sugerează că chiar și sesiunile scurte de exerciții fizice pot induce schimbări neurochimice rapide care pot contribui la ameliorarea simptomelor depresive (Laske și colab., 2010).

Implicațiile acestor constatări sunt de mare anvergură. Ele nu numai că oferă o posibilă explicație pentru efectele bine documentate ale exercițiilor fizice de îmbunătățire a dispoziției, dar sugerează, de asemenea, că activitatea fizică poate servi ca o completare valoroasă sau o alternativă la tratamentele farmacologice tradiționale pentru depresie. Acest lucru este deosebit de important având în vedere preocupările tot mai mari cu privire la efectele secundare și eficacitatea limitată a medicamentelor antidepresive.

De asemenea, amintiți-vă că, din moment ce masele sunt stupide, egocentrice și apatice, nu există niciun motiv pentru care să vă simțiți obligat să vă explicați altora, cu atât mai puțin celor care nu vă respectă. Orice moment bun pentru a-ți face bagajele și a pleca fără alte explicații este pe deplin justificat de tratamentul pe care îl primești și de faptul că te afli într-un mediu care este periculos pentru sănătatea și chiar integritatea ta fizică.

Nu scrieți înapoi, nu vă cereți scuze și nu încercați să vă explicați. Dacă altora le-ar fi păsat, ar fi acționat diferit.

Poate credeți că în momentele de disperare și singurătate puteți găsi sprijin în grupurile religioase, dar din cauza infiltrării masive a narcisiștilor, psihopaților și idioților în grupurile religioase, religia nu mai este religie, dacă a fost vreodată.

Oamenii dintr-un grup religios sunt unii dintre cei mai proști și perverși oameni pe care i-am întâlnit vreodată. Ei doar joacă un rol din cauza a ceea ce grupul reprezintă pentru ei și a modului în care se văd ca membri ai acelui grup. Este un mod de a crea valoare pentru cei care nu au niciuna, precum un club de lectură care petrece ani de zile discutând despre o singură carte.

Din aceste motive, nu ar trebui să spui nimic despre tine care poate fi folosit împotriva ta mai târziu când îi critici, deoarece vor încerca să-ți distrugă reputația când pleci. Acest lucru este valabil mai ales în cazul cultelor. Dar majoritatea oamenilor religioși se comportă ca orice alt cult, în special așa-numiții creștini născuți din nou, care este doar un cuvânt fantezist pentru creștinii inventați cu propriile lor opinii independente despre ceea ce este creștinismul, cunoscuți și sub numele de protestanți și eretici creștini în antichitate.

A te certa cu acești oameni este o pierdere de timp și de energie. În loc să vă concentrați pe negativitatea oamenilor proști, încercați să vă înconjurați de pozitivitate. Petreceți timp cu oameni care vă înalță și vă inspiră și încercați să cultivați o atitudine pozitivă care vă poate ajuta să treceți peste furtuna prostiei. Dacă nu puteți avea un prieten cu o atitudine normală, luați-vă o pisică, un câine sau o pasăre.

Animalele tind să fie mai empatice și sunt tovarăși mai buni decât majoritatea oamenilor în zilele noastre. Asigură-te doar că îți iei un animal cu care empatizezi cu adevărat și care îți va răspunde în același mod, și nu un piton, o șopârlă sau o tarantulă.

Capitolul 4: Depășirea negativității

Dacă trebuie să interacționați cu oameni proști, încercați să nu interacționați cu prostia lor. Nu le luați în serios insultele sau criticile și nu-i lăsați să vă coboare la nivelul lor. În schimb, încercați să depășiți negativitatea lor și să vă mențineți propriul sentiment al valorii de sine. Amintiți-vă că ei nu vă văd pe dumneavoastră, ci doar ceea ce percep despre dumneavoastră, așa că adesea acționează pe baza stereotipurilor și rasismului sau a altor caracteristici pe care le-au presupus despre dumneavoastră pe baza muncii dumneavoastră, a aspectului dumneavoastră sau a modului în care vă îmbrăcați.

Ei presupun ceea ce vor să creadă despre tine, adică ceea ce le este util, și nu sunt interesați să te încurajeze și să te ajute să te schimbi. Promisiunile lor vor fi întotdeauna în zadar, indiferent cât de mult îți dorești ca ele să fie adevărate, pentru că, practic, îți spun ceea ce vrei să auzi pentru ca tu să faci ceea ce vor ei. De aceea poate durea atât de mult când te trezești la adevăr. Au intrat adânc în miezul inimii tale, în cele mai dragi vise ale tale, și le-au distrus. Nu au făcut-o dintr-o dată, ci încet și constant ți-au otrăvit sufletul și te-au făcut să aștepți ceva care nu va veni niciodată.

De asemenea, narcisiștilor le face plăcere să se folosească de visele tale pentru a te răni și mai mult. Dacă vrei să mergi la facultate, îți vor spune că nu ești suficient de inteligent și că probabil vei eșua. Dacă le spui că vrei să emigrezi și să găsești oportunități în alte țări, îți vor spune că este prea dificil și că ai putea fi răpit sau ucis. Dacă le spui că vrei să începi o afacere, s-ar putea să râdă de tine ca și cum ai fi delirant.

Când le-am spus prietenilor mei că vreau să scriu o carte, au râs și mi-au spus că nu păream suficient de inteligent pentru a face asta. Interesant este că și studenții mei au râs când le-am spus că nu voi mai preda pentru că am decis să devin scriitor cu normă întreagă. Oamenii proști vor râde întotdeauna de lucrurile pe care nu le înțeleg și le vor judeca negativ, începând cu propriile lor vise.

Oamenii proști nu știu cu adevărat nimic despre tine, nici despre adevăratul tău potențial sau despre capacitatea ta de adaptare și schimbare. Este mai probabil ca ei să te judece pe baza propriilor lor limitări și a modului în care se percep pe ei înșiși în raport cu convingerile lor despre restul lumii.

Ca urmare, nu te ascultă atunci când vorbești. Ei selectează o parte foarte mică din discursul dvs. pentru a capta informațiile parțiale pe care le împărtășiți, informațiile care sunt importante pentru ei. Apoi încearcă să profite de ignoranța ta față de ele pentru a te manipula sau a te judeca critic.

Am văzut de multe ori că oamenii proști nu înțeleg sau nu ascultă aproape tot ce spun. Ei iau doar fragmente din conversație pentru a-și face propriile ipoteze ridicole și limitative, pe care le folosesc apoi pentru a-și forma propriile narațiuni despre viața mea sau despre cine sunt, de obicei în cel mai denigrator mod posibil. Chiar și faptul că călătoresc mult este folosit de ei pentru a sugera că trebuie să fug de ceva. Faptul că scriu o mulțime de cărți este văzut de ei ca și cum aș acționa nebunește, fără să am mai multe cunoștințe. Ei chiar îmi spun că oamenii care au scris o singură carte sunt scriitori adevărați, iar eu nu sunt pentru că am scris atât de multe.

Cu cât potențialul tău este mai mare și ai mai multe calități, cu atât mai mulți nebuni încearcă să te facă să arăți opusul a ceea ce ești. De aceea părinții mei mi-au petrecut toată viața spunându-mi că sunt un idiot. Nu am fost un idiot, dar am început să mă comport ca unul, pentru că asta se întâmplă când ești programat de doi idioți să te simți un ratat, iar apoi faci greșeli care te fac să experimentezi cu adevărat viața unui ratat.

Oamenii care cred că am devenit scriitor nu văd imaginea de ansamblu, în parte pentru că sunt prea proști să o vadă. M-am născut să fiu scriitor, dar realitatea pe care o am acum mi-a fost furată de oameni foarte răi.

Nu presupuneți niciodată că o spermă și un ovul formează o familie sau că le datorați ceva celorlalți pentru că v-ați născut. Aceasta este presupunerea unei ființe aflate la cel mai scăzut nivel spiritual. Este raționalizarea unei creaturi care a decis că nu are nicio valoare intrinsecă, cu excepția a ceea ce i se permite să aibă. Este, de asemenea, presupunerea unei ființe care crede că viața pe pământ este mai degrabă un dar decât o experiență trecătoare.

Oamenii care reduc sensul vieții la a trăi nu sunt diferiți de o vacă sau un porc obișnuit. De aceea, ei sunt incapabili să înțeleagă progresul. Pentru ei, progresul este ceva care se întâmplă spontan, ca un act de magie, un mister pe care nimeni nu îl poate înțelege.

De aceea spun că cititul cărților este o pierdere de timp și că, dacă reușești în viață și creezi ceva unic care te conduce spre vise de neînțeles, ești doar norocos.

Capitolul 5:
Aritmetica proștilor

Oamenii proști reduc la noroc toate realizările care sunt rezultatul unei munci extraordinare depuse de-a lungul multor ani. Ei îmi spun că sunt norocos pentru că sunt un scriitor de succes, ca și cum întreaga mea viață ar fi doar o învârtire a roții de la ruletă.

Atât de proști pot fi oamenii. Ei îți spun cât de proști sunt în propriile lor insulte.

Pe de altă parte, dacă le urmezi calea, cu siguranță nu vei ajunge nicăieri, motiv pentru care nu am avut niciun răspuns pentru studenții care m-au întrebat: „De ce să te credem când toți ceilalți spun contrariul?

Da, de ce să credem un om cu experiență și cunoștințe în loc de un miliard de idioți cu aceleași opinii personale? Gândiți-vă la asta.

Cei care se așteaptă ca eu să le explic cum să facă o alegere evidentă nu o vor face niciodată. De fapt, este o insultă să ceri unui înțelept să se explice atunci când discursul său este plin de exemple, dar nu să ceri proștilor să facă acest lucru doar pentru că proștii sunt mulți și înțeleptul este doar unul. Aceasta este aritmetica proștilor. Proștii cred că suma multor zerouri este mai mare decât numărul unu.

Este destul de rău să nu ai cunoștințe, dar oamenii proști literalmente gândesc, se comportă, iau decizii și vorbesc ca și cum ar fi retardați mintal. Nu numai că încearcă să dea sens unei lumi pe care nu o pot înțelege, înjosind-o și simplificând-o cât mai mult posibil, dar își formează și opinii puternice pe care apoi încearcă să le impună celorlalți.

În acest sens, nu are sens să presupuneți că vor asculta ceea ce spuneți sau că le va păsa de răspunsurile dumneavoastră la întrebările lor, pentru că pur și simplu nu se află la acest nivel. Aceste persoane au dificultăți în a citi cele mai simple mesaje, deoarece nu pot empatiza cu ceilalți sau nu pot vedea realitatea dintr-o perspectivă factuală. Viziunea lor asupra lumii este ca un desen animat 2D. Dar imaginați-vă ce față am făcut când mi-am dat seama că și ei iubesc desenele animate pentru copii și filmele Disney. Pot vorbi despre asta ore întregi și presupun că e ceva în neregulă cu mine pentru că nu am nimic de spus.

Nu încetează niciodată să mă uimească faptul că cei mai retardați mintal din lume cred că eu sunt cel care are probleme mentale, nu ei. Sunt orbi la cele mai evidente lucruri, ceea ce face ca încercarea de a ne explica lor să fie o pierdere totală de timp.

Acesta este de fapt unul dintre modurile în care te înjosesc, pentru că, din moment ce nu pot înțelege ceea ce spui, pur și simplu reduc informația la cea mai simplă formă pe care o pot asimila, ca atunci când oamenii spun că scriu cărți pentru copii, că inventez ceea ce scriu, că rezum informații de la alți autori sau că fur de la altcineva sau de la un grup de oameni. Pentru ei, eu nu sunt mai real decât un copac cu frunze mov sau un câine care vorbește franceza.

Oamenii proști trebuie să reducă realitatea la nivelul lor și să invalideze eforturile și realizările, în special pe cele ale oamenilor pe care i-au mai întâlnit, pentru că sunt incapabili să înțeleagă ceva dincolo de cele mai simple standarde de înțelegere. Ei sunt retardați mintal.

În cel mai bun caz, se așteaptă ca tu să reflectezi fațada falsă pe care o proiectează asupra ta pentru că vor să fie validați. De aici provine ideea „sunt norocos că trăiesc pentru că părinții mei au făcut sex fără prezervativ", pentru că își reduc starea de a fi la simplul fapt de a fi în viață, chiar dacă nu au niciun motiv real să fie în viață. Ei vă vor spune acest lucru în alte afirmații, cum ar fi „mâncarea este viață și viața este mâncare".

Nimic nu face nivelul spiritual al unei comunități mai evident decât ora prânzului. Oamenii care și-au petrecut întreaga dimineață meditând singuri își schimbă brusc dispoziția și devin la fel de animați ca un porc obișnuit care primește masa zilei. Ei pot chiar să socializeze mai mult în această perioadă, în timp ce înainte mă ignorau și mă evitau.

O persoană obișnuită reduce importanța interacțiunilor sale la stomacul său sau, literalmente, la ceea ce bagă și aruncă afară. Nu au discernământ dincolo de asta. Ei nu pot vorbi pe stomacul gol sau să se înfometeze în timp ce acumulează cunoștințe. Ea este incapabilă să empatizeze cu cei care nu îi oferă un câștig sau o plăcere imediată. Ea este doar un animal. Dar a spune că putem fi comparați cu animalele nu este același lucru cu a spune că oamenii nu sunt literalmente altceva decât animale.

Nu există absolut nicio conștiință sau spiritualitate la oamenii pe care i-am întâlnit în multe religii, deoarece sunt incapabili să realizeze aceste concepte. Conceptele sunt dincolo de capacitatea lor limitată de a percepe lumea.

Soluția ar fi exersarea acestor simțuri prin lectură, dar ei nu citesc pentru că, în mod curios, oamenii proști sunt, de asemenea, prea leneși pentru a-și exersa mintea. În schimb, ei caută scurtături sub forma figurilor de autoritate și a ritualurilor.

Capitolul 6: De ce se opun proștii schimbării

Nu este ușor de spus dacă cineva este doar prost sau narcisist, deoarece cele două merg de obicei mână în mână. Narcisiștii vor întotdeauna ca imbecilitatea lor să li se reflecte ca inteligență, la fel cum oamenii proști vor să creadă că sunt inteligenți.

Cea mai simplă soluție, desigur, este să-i elimini din viața ta și să nu trebuiască să aplici niciodată informațiile din această carte. Nu are rost să interacționați cu ei sau să vă gândiți la ei ca la niște oameni normali, pentru că nu sunt. Este chiar mai rău să aștepți ceva de la ei, pentru că te vor lăsa să mori dacă aștepți. Nici măcar nu se pricep să își urmeze propriile planuri în beneficiul lor, darămite să îi ajute pe alții să facă la fel. Ei nu gândesc și nu acționează ca oamenii normali, nu te văd așa cum îi vezi tu pe ceilalți oameni și nu au aceleași ambiții ca și tine în ceea ce privește pacea și iubirea aproapelui. Ei nu empatizează și nu le pasă de sentimentele tale.

Cu toate acestea, ar prefera să vă vadă plângând decât să vă vadă fericiți, pentru că cel puțin atunci când plângeți, ei pot simți că au câștigat în viață, chiar dacă nu există niciun premiu de câștigat în afară de nefericirea voastră.

Narcisiștilor pur și simplu nu le pasă de cooperare, încredere sau empatie. Nu poți convinge un tigru să nu te mănânce și nu poți convinge o persoană proastă să folosească bunul simț. Pur și simplu nu este compatibil cu nivelul lor de percepție. Sunt ca niște morți vii, niște zombi care încearcă să se hrănească din energia celorlalți. Pot părea oameni, dar nu sunt, nu gândesc ca oamenii, gândesc ca un prădător, fără emoții.

Lumea celor proști, cum îmi place mie să le spun, se mișcă într-un ritm dureros de lent. Astfel, narcisistul se simte ca în habitatul său natural, pur și simplu pentru că oamenii sunt prea proști pentru a-l vedea pe narcisist ca pe monstrul care este. În schimb, îl confundă cu o persoană normală și pot chiar să-i accepte minciunile drept adevăr. Narcisistul sfârșește prin a stăpâni o mare parte a societății pentru că oamenii sunt prea proști pentru a gândi singuri și pentru a atinge niveluri elementare de înțelegere sau de bun simț.

Oamenii au dificultăți în a înțelege conceptele de bază și, prin urmare, simt nevoia să încetinească restul societății pentru a se simți în control asupra propriei vieți. Acesta este motivul pentru care sunt mai predispuși să se opună cuiva care se schimbă și merge înainte și mai predispuși să fie de acord cu cei care fac exact opusul și laudă ideologiile asociate stagnării și modurilor tradiționale de gândire.

În plus, proștii tind să presupună că există o luptă între tradiție și evoluție, când adevărata luptă este între stagnare sau prostie și expansiune sau asimilarea noilor concepte și a tranzițiilor necesare în viață.

Cu alte cuvinte, nu este o luptă între bine și rău, ci pur și simplu între valori care sunt depășite sau nu. Este o luptă între ceea ce este important în viață și nevoia de a cultiva o existență care are sens pentru noi.

Atunci când un individ este prea rapid, prea competent și prea organizat, îi face nervoși pe proștii societății. Ei simt că pierd controlul asupra vieții lor și, prin urmare, văd persoana care se mișcă prea repede ca pe o amenințare la adresa existenței lor și a modului lor de gândire. Dacă vorbești cu ei despre o călătorie într-o altă țară, vor face tot posibilul să te sperie atât de tare încât să nu cumperi niciodată biletul de avion. Se pot folosi chiar de fapte despre o țară pentru a vă descuraja să vizitați oricare dintre celelalte 200 de țări din lume.

Fie că gândesc prea repede, fie că vorbesc prea repede, cei care nu sunt la fel de înclinați intelectual se simt intimidați și stânjeniți în prezența oamenilor cu un potențial mai mare. Ca urmare a acestui disconfort, oamenii proști fac un efort concertat pentru a-i întrerupe, a-i subestima, a-i batjocori și a-i reduce la tăcere pe cei care sunt implicați în conversații complexe, chiar și atunci când ceilalți sunt dornici să participe. Oamenii proști nu se simt confortabil cu popularitatea cuiva care poate schimba dinamica și convingerile, poate schimba un mediu și poate face mai vizibili oamenii incompetenți.

Li se pare dificil să înțeleagă și să asculte cea mai mare parte din ceea ce spune o persoană inteligentă, astfel încât răspunsul lor natural este să riposteze și să încerce să aducă conversația la un nivel la care să poată domina.

Această tendință a celor proști de a încetini societatea are un efect negativ asupra tuturor. Atunci când progresul este încetinit, acesta afectează un grup de oameni și o companie. În lumea de astăzi, avem nevoie de inovare rapidă pentru a crea schimbări pozitive și a rămâne relevanți. Banilor le place viteza, iar atunci când suntem încetiniți de oameni negativi și personalități toxice, nu numai sănătatea noastră mentală este în pericol, ci și bunăstarea noastră financiară.

Narcisiștii, în special, pot avea un impact foarte negativ asupra vieții tale și asupra capacității tale de a o îmbunătăți. Vă veți da seama că vă trag în jos din punct de vedere emoțional, dar este posibil să nu realizați nici măcar efectul negativ pe care îl au asupra finanțelor dumneavoastră pe termen lung.

Capitolul 7: Cum încetinește prostia progresul

Am început să văd mai clar impactul vampirilor energetici atunci când l-am măsurat cu ajutorul graficelor. A devenit foarte clar că interacțiunea cu ei îmi reducea capacitatea de a gândi clar și, ca urmare, făceam mai multe greșeli și eram mai puțin productiv. Atunci când ne încetinim progresul pentru a ne adapta gânditorilor mai înceți, suferim consecințele. De fapt, acest lucru poate fi văzut ca o karma rea prin asociere. În plus, gânditorii lenți sunt reticenți și critici față de orice formă de schimbare, așa că sunt și rezistenți la schimbare, iar refuzul lor de a se adapta se transformă uneori în respingere totală.

Ei sunt cei care îi împiedică pe prietenii lor să încerce să își urmeze visele. Acest lucru dăunează societății, deoarece ideile noi le contestă pe cele vechi și duc la progres, iar fără progres, societatea noastră poate deveni stagnantă și învechită. Acesta este motivul pentru care unele societăți evoluează, în timp ce altele par blocate în timp. Acesta este și motivul pentru care unele companii nu par să evolueze. În aceste situații, puteți găsi întotdeauna pe cineva sau chiar un grup care lucrează din greu pentru a distruge o companie sau o țară.

O altă problemă a ritmului lent al prostiei este că creează o diviziune între oameni, provocând animozitate și subminând coeziunea socială. Atunci când oamenii inteligenți vorbesc, ei tind să aprofundeze diverse subiecte. Oamenii proști, pe de altă parte, sunt hotărâți să îi insulte pe cei care le pun în lumină insignifianța. Cei mai inteligenți dintre noi sunt adesea insultați de cei mai proști, ceea ce îi face pe toți ceilalți să se îndoiască de marile idei sau chiar de adevăr. Oamenii sunt lăsați într-o ceață de confuzie și haos cauzată de cei proști, care încearcă să anuleze orice încercare de a face societatea să progreseze. Dar cei mai creativi membri ai societății, deși sunt cei mai respinși și disprețuiți, sunt cei care o fac să progreseze și ar trebui să primească cea mai mare atenție.

Atunci când o societate este încetinită de prea mulți oameni proști care se tem de schimbare, acest lucru duce la o lipsă de curiozitate intelectuală și de creativitate, sau de efort creativ, iar majoritatea problemelor lumii, și anume cele asociate cu lipsa de inovare și șomajul, pot fi atribuite acestor indivizi.

Atunci când oamenii sunt mulțumiți de status quo, ei devin mai puțin curioși și mai puțin creativi, iar acest lucru este deosebit de relevant pentru cercetarea științifică, unde curiozitatea intelectuală este cheia descoperirii științifice, a inovării și a îmbunătățirii societății. În plus, lipsa de gândire critică a oamenilor proști îi face susceptibili la propagandă, manipulare și minciuni. Atunci când proștii îi conduc pe proști, societatea sfârșește cu mai multe războaie și mai multă corupție. Într-un astfel de mediu, este mai ușor să manipulezi, să controlezi și să abuzezi de oameni.

Într-o astfel de societate, inteligența în sine este, de asemenea, abrutizată, ceea ce înseamnă că, chiar dacă potențialul de succes există, copilul este treptat demotivat de adulții care insistă să nu-i permită să-și cultive trăsăturile de personalitate și să-și exploreze interesele. Acest lucru afectează creșterea intelectuală a societății prin coborârea ștachetei pentru toată lumea, motiv pentru care o națiune cu personalități mai reprimate pare să aibă cetățeni mai proști.

Lipsa resurselor pentru educația individuală, cum ar fi bibliotecile și accesul la cărți, ca urmare a faptului că există prea mulți idioți proști la putere și care iau decizii relevante pentru ceilalți, contribuie, de asemenea, la această problemă.

Între timp, deși poate părea crud să numim unii indivizi proști, adevărul este că nefolosirea acestui cuvânt ne refuză, de asemenea, posibilitatea de a evalua impactul lor negativ, de a-i diferenția de restul populației și, cel mai important, de a-i împiedica să întârzie, să degradeze și să distrugă viața tuturor celor de pe planetă.

Trebuie să recunoaștem că există oameni cărora le lipsește capacitatea intelectuală de a înțelege concepte complexe, oameni care refuză să învețe și să evolueze și indivizi care sunt incapabili să își recunoască propria ignoranță.

Deși aceste caracteristici nu sunt rele în sine, ele sunt, de asemenea, aceleași persoane care frânează societatea și împiedică dezvoltarea colectivă și care se găsesc, de obicei, în poziții-cheie de putere în comunitățile care nu prosperă. Nu doar invidia este problema proștilor dintre noi; în principal, incapacitatea de a ține pasul cu cineva care progresează mai repede decât media îi împinge la obsesia disperată de a împiedica acea persoană să își atingă obiectivele.

Ei caută, de asemenea, sprijin din partea altor oameni proști care le împărtășesc ura, și obțin acest sprijin printr-un sentiment de utilitarism iluzoriu, ca și cum persoana care avansează este o amenințare pentru toți ceilalți, în loc să fie persoana care contribuie cel mai mult la mediul lor de lucru și la rezultatele lor.

Deoarece majoritatea oamenilor sunt foarte egoiști, ei acceptă de obicei perspectiva narcisistului și ar prefera să vadă această persoană progresistă concediată decât să îi permită să ducă compania la un nivel în care compania să nu fie nevoită să dea faliment și toată lumea să ajungă să fie concediată.

Capitolul 8: Nevoia de a eticheta prostia

Oamenii proști au o viziune scurtă asupra vieții, sunt întotdeauna obsedați de obiectivele imediate, așa că sunt fericiți să vadă persoana cea mai inovatoare părăsind locul de muncă, chiar dacă nu văd corelația dintre acest eveniment și următorii ani în care compania dă faliment și toată lumea este concediată.

În activitatea mea de consultant în management, nu am întâlnit niciodată pe cineva care să-mi aprecieze munca. În schimb, o vedeau ca pe o amenințare la adresa poziției și statutului lor, și chiar la adresa fațadei lor de lucrători eficienți. Ca urmare, au muncit mai mult pentru a-și ascunde incompetența și greșelile. În cele din urmă, aș fi fost concediat fără nicio îmbunătățire a rezultatelor companiei, dar luni sau chiar ani mai târziu, compania ar fi făcut față consecințelor și ar fi ajuns la final. Toți oamenii care nu m-au ajutat, dar au fost fericiți să mă vadă plecând înainte de a-mi termina cercetarea, își vor pierde locurile de muncă.

Mi-am dat seama că nimănui nu-i pasă cu adevărat de îmbunătățirea unei companii, cu excepția proprietarului, iar în cele din urmă chiar și acesta este convins că fac ceva rău pentru compania sa, deoarece chiar și proprietarul este suficient de prost încât să se lase convins de alți oameni proști și să-și piardă capacitatea de logică. Nu numai că mă invită să lucrez pentru el și să-i rezolv problemele, dar apoi mă concediază pentru că i le-am rezolvat. Poate părea o contradicție, dar asta este lumea în care trăim atunci când oamenii cedează prostiei.

Oamenii proști sunt maeștri în a-i doborî pe toți și a-i face pe proprietarii de întreprinderi să acționeze împotriva propriilor interese, protejându-i pe proști de cei care le pot salva afacerea. Întotdeauna este mai ușor să concediezi o persoană decât 20, chiar dacă acea persoană ar putea salva locurile de muncă a 20 de persoane și compania însăși.

Oamenii proști nu văd lucrurile astfel, deoarece gândesc ca oile și sunt întotdeauna de partea majorității, chiar dacă majoritatea se îndreaptă spre o prăpastie.

Acesta este motivul pentru care o întreagă națiune poate rămâne blocată la cel mai scăzut nivel. Acest lucru se datorează faptului că există indivizi care sunt dispuși să stea în calea oricărei forme de dezvoltare colectivă.

De asemenea, acești indivizi tind să ocupe poziții în profesii care le oferă mai mult control asupra celorlalți, cum ar fi psihiatrii, profesorii, medicii, politicienii și managerii de edituri și librării. Aceste poziții le oferă o platformă pentru a controla evoluția societății și a împiedica progresul. Ei se deghizează în cei care lucrează pentru îmbunătățirea societății și, în același timp, își folosesc puterea pentru a împiedica progresul colectiv și sunt adesea amenințați de cineva din același domeniu care face cu adevărat treabă și care va face tot posibilul să îi înlăture.

În ultimii ani s-au făcut multe cercetări pentru a înțelege aceste personalități. Acum știm că acestea se încadrează, în general, în categoria psihiatrică a tulburărilor de personalitate de grup B. Acesta este un grup de afecțiuni psihologice caracterizate printr-un model generalizat de emoții instabile, imagine de sine distorsionată și dificultăți în formarea și menținerea relațiilor. Există patru tulburări de personalitate principale în acest grup: tulburarea de personalitate narcisistă (NPD), tulburarea de personalitate borderline (BPD), tulburarea de personalitate histrionică (HPD) și tulburarea de personalitate antisocială (APD).

Ceea ce noi numim oameni proști, antagoniști sau pur și simplu nepoliticoși sunt adesea descriși de psihiatri ca prezentând comportamente asociate cu Tulburările de Personalitate din Grupul B. Dintre acestea, cea mai periculoasă și activă în degradarea unei societăți este tulburarea de personalitate narcisistă (NPD).

Persoanele cu NPD pot fi caracterizate printr-un sentiment grandios de importanță de sine, o nevoie excesivă de admirație și o lipsă de empatie pentru ceilalți. Acestea manifestă adesea un sentiment exagerat de îndreptățire, o preocupare pentru fanteziile de succes și putere și o tendință de a-i exploata pe alții pentru a-și satisface propriile nevoi și dorințe. Ele pot părea fermecătoare și încrezătoare la suprafață, dar pot fi extrem de manipulatoare și lipsite de o conexiune emoțională autentică cu ceilalți.

Alte tulburări de personalitate care se regăsesc în clasificarea tulburărilor de personalitate din grupul B și care pot fi confundate cu NPD datorită comportamentului lor social toxic sunt

1. tulburarea de personalitate borderline: caracterizată prin emoții intense și instabile, impulsivitate, comportament autodistructiv și un sentiment distorsionat al sinelui. Persoanele cu BPD au adesea o teamă cronică de abandon, se angajează în comportamente autoagresive și au dificultăți în a-și regla emoțiile. Acestea pot avea relații instabile, alternând între idealizarea și devalorizarea celorlalți. Sentimentul lor de sine poate fluctua rapid, rezultând o lipsă de identitate stabilă.

2. Tulburarea de personalitate histrionică: caracterizată printr-un model de căutare excesivă a atenției, comportament dramatic și emoțional și o dorință intensă de a fi în centrul atenției. Persoanele cu BPD își exprimă adesea emoțiile într-un mod exagerat și se pot angaja în comportamente de căutare a atenției pentru a menține un sentiment de validare și afirmare din partea celorlalți. Acestea pot afișa un farmec superficial și au tendința de a-i manipula pe ceilalți pentru câștig personal.

3. Tulburarea de personalitate antisocială se caracterizează printr-un dispreț pentru drepturile și sentimentele celorlalți. Persoanele cu TPA prezintă, în general, o lipsă de empatie, o tendință spre un comportament impulsiv și iresponsabil și un dispreț pentru normele și regulile sociale. Aceștia se pot angaja în activități infracționale, pot minți și manipula pe alții în interes personal și pot manifesta o lipsă de remușcări pentru acțiunile lor.

Criteriile de diagnostic pentru aceste tulburări sunt descrise în Manualul de diagnostic și statistică a tulburărilor mintale (DSM-5), care este utilizat pe scară largă de profesioniștii din domeniul sănătății mintale pentru diagnosticarea afecțiunilor psihologice.

Capitolul 9: Efectele dramatice ale grupurilor DSM-5

DSM-5 organizează tulburările de personalitate în trei grupuri, denumite A, B și C, pentru a reflecta caracteristicile comune. Acest sistem de grupare ajută profesioniștii din domeniul sănătății mintale să diagnosticheze și să înțeleagă modelele care stau la baza acestor tulburări.

Mai jos este prezentată o scurtă descriere a fiecărui grup:

Grupul A (Tulburări ciudate sau excentrice): Tulburarea de personalitate paranoidă, tulburarea de personalitate schizoidă și tulburarea de personalitate schizotipă sunt caracterizate de comportamente și gânduri ciudate sau excentrice.

Tulburarea de personalitate paranoidă poate fi observată la un proprietar de întreprindere care, din cauza unei suspiciuni excesive, decide să rezilieze brusc contractele cu partenerii de lungă durată, acuzându-i că conspiră împotriva companiei fără nicio dovadă solidă. Suspiciunile și acuzațiile lor constante pot crea, de asemenea, un mediu de lucru toxic, determinând plecarea angajaților valoroși și deteriorând reputația companiei.

Tulburarea schizotipă de personalitate este exemplificată de un manager care, din cauza detașării și a lipsei de interes față de ceilalți, ignoră sau desconsideră în mod constant eforturile și ambițiile membrilor echipei sale, împiedicându-le creșterea profesională și determinându-i să își piardă motivația.

Tulburarea de personalitate schizotipală se caracterizează printr-un comportament social toxic față de un țap ispășitor. Aceasta poate fi o persoană care, din cauza gândurilor și percepțiilor sale neobișnuite, devine fixată pe ideea că un anumit coleg este „pe urmele sale", ceea ce duce la acuzații persistente și inadecvate și la un comportament ostil față de colegul respectiv.

Clusterul B (tulburări dramatice, emoționale sau imprevizibile) Tulburarea de personalitate antisocială, tulburarea de personalitate borderline, tulburarea de personalitate histrionică și tulburarea de personalitate narcisistă sunt caracterizate de gânduri sau comportamente dramatice, prea emoționale sau neregulate.

Tulburarea de personalitate antisocială se caracterizează prin distrugerea reputației unei companii și a unui individ: un angajat care delapidează fondurile companiei și manipulează colegii de muncă pentru a-și acoperi urmele, ceea ce duce în cele din urmă la ruina financiară a companiei și afectează reputația celor acuzați pe nedrept.

Tulburarea de personalitate borderline se observă în comportamentul social toxic față de un țap ispășitor. Aceasta este persoana care, din cauza fricii de abandon și a emoțiilor intense, atacă un prieten apropiat într-o zi, acuzându-l de lipsă de loialitate, și îl idealizează în următoarea, creând un ciclu toxic și confuz. De asemenea, aceștia pot fi intens invidioși pe alții, percepându-i ca având stabilitatea sau fericirea care le lipsește lor, ceea ce duce la un comportament ostil sau distructiv.

Tulburarea de personalitate histrionică este întâlnită la persoanele care, în căutarea atenției și a entuziasmului, iau decizii impulsive și nesăbuite, cum ar fi cheltuirea economiilor de-o viață pe un eveniment extravagant pentru a-i impresiona pe ceilalți. De asemenea, îi pot manipula pe ceilalți în funcție de nevoile lor, deraind planurile și ambițiile acestora în acest proces.

Tulburarea de personalitate narcisistă este cea mai activă în distrugerea reputației unei companii și a unui individ. Un manager poate exploata angajații pentru a-și atinge propriile obiective mărețe, asumându-și meritele pentru munca lor și învinuindu-i pentru eșecuri, ceea ce duce la rate ridicate de fluctuație a personalului și la deteriorarea reputației companiei. De asemenea, poate manifesta invidie față de cei pe care îi consideră mai de succes sau mai admirați, ceea ce duce la încercări de sabotare sau de subminare a acestora.

În cele din urmă, ajungem la grupul C (tulburări de anxietate sau frică): tulburarea de personalitate evitantă, tulburarea de personalitate dependentă și tulburarea de personalitate obsesiv-compulsivă.

Tulburarea de personalitate evitantă se întâlnește la o persoană care, de teama criticilor, evită să își urmeze visurile sau să își asume proiecte provocatoare, ceea ce duce la stagnare și potențial nerealizat.

Tulburarea de personalitate dependentă este întâlnită la o persoană care se bazează excesiv pe alții pentru a lua decizii, permițând ca propriile obiective și ambiții să fie eclipsate sau controlate de cei de care depinde.

Tulburarea de personalitate obsesiv-compulsivă poate fi observată la managerul care, din cauza perfecționismului său, insistă să micromanagement fiecare aspect al unui proiect, ceea ce duce la întârzieri, ineficiență și, în cele din urmă, la eșecul proiectului. Respectarea rigidă a regulilor și incapacitatea lor de a delega pot crea un blocaj care împiedică compania să crească și să se adapteze.

Capitolul 10: Interacțiunea patologiilor de personalitate

Uneori, tulburările de personalitate pot apărea împreună sau se pot dezvolta ca răspuns unele la altele, în special în relațiile apropiate, cum ar fi familia sau mediul de lucru. Iată câteva corelații și exemple despre modul în care o tulburare de personalitate poate influența dezvoltarea alteia, dar și despre modul în care tulburările de personalitate pot interacționa și se pot întări reciproc:

1. Tulburările de personalitate paranoidă și schizotipică: Ambele tulburări fac parte din grupa A și au în comun tendința spre gânduri și comportamente ciudate sau excentrice.

Exemplu: Un părinte cu tulburare de personalitate paranoidă poate insufla copilului său un sentiment de neîncredere și teamă, determinându-l să dezvolte gânduri și percepții neobișnuite ca mecanism de adaptare, rezultând în cele din urmă tulburarea de personalitate schizotipă.

2. **Tulburările de personalitate borderline și dependente:** Persoanele cu tulburare de personalitate borderline au de obicei o teamă intensă de abandon, în timp ce persoanele cu tulburare de personalitate dependentă au o nevoie puternică de a fi îngrijite. Aceste dinamici pot interacționa și se pot consolida reciproc.

Exemplu: Într-o relație romantică, o persoană cu tulburare de personalitate borderline se poate agăța de partenerul său de teama de a fi abandonată, în timp ce partenerul său cu tulburare de personalitate dependentă poate încuraja acest comportament deoarece îi satisface nevoia de a fi necesar. În timp, această dinamică poate exacerba ambele tulburări.

3. **Tulburările de personalitate narcisistă și evitantă:** Grandiozitatea și lipsa de empatie a tulburării de personalitate narcisistă îi pot face pe ceilalți să se simtă inferiori sau neapreciați, ceea ce poate contribui la tulburarea de personalitate evitantă.

Exemplu: Un șef cu tulburare de personalitate narcisistă subestimează și critică constant un angajat. Angajatul, simțindu-se inadecvat și temându-se de alte critici, dezvoltă Tulburarea de personalitate evitantă și evită interacțiunile sociale și oportunitățile de avansare.

4. **Tulburările de personalitate antisocială și paranoidă:** Comportamentul manipulator și înșelător al unei persoane cu tulburare de personalitate antisocială poate genera neîncredere și

suspiciune în ceilalți, putând duce la tulburarea de personalitate paranoidă.

Exemplu: Un frate cu tulburare de personalitate antisocială își minte în mod repetat și își manipulează fratele în interes personal. Fratele, simțindu-se trădat și suspicios, dezvoltă Tulburarea de Personalitate Paranoidă, punând constant la îndoială motivele celorlalți.

5. Tulburările de personalitate histrionică și dependentă: Ambele tulburări implică o nevoie puternică de atenție și aprobare din partea celorlalți.

Exemplu: O prietenă cu tulburare de personalitate histrionică caută constant atenție și devine dramatică atunci când se simte ignorată. Prietena ei cu tulburare de personalitate dependentă întărește acest comportament prin satisfacerea nevoilor ei, deoarece se teme să fie abandonată dacă nu o face.

6. Tulburările de personalitate obsesiv-compulsivă și evitantă: Perfecționismul rigid al TOC poate crea un mediu în care ceilalți se simt în mod constant judecați și inadecvați, ceea ce poate duce la tulburarea de personalitate evitantă.

Exemplu: Un părinte cu TOC își ține copilul la standarde extrem de ridicate, făcându-l să se simtă inadecvat și să dezvolte o tulburare de personalitate evitantă pentru a face față criticilor constante.

7. Tulburările de personalitate borderline și narcisistă: Emoțiile intense și teama de abandon din tulburarea de personalitate borderline pot fi exacerbate de grandoarea și lipsa de empatie din tulburarea de personalitate narcisistă.

Exemplu: Într-o relație, o persoană cu tulburare de personalitate borderline își poate idealiza partenerul cu tulburare de personalitate narcisistă, care întărește această dinamică cerând admirație. Cu toate acestea, lipsa de empatie și grandoarea narcisistului pot declanșa, de asemenea, teama de abandon a borderline-ului, ducând la un conflict intens.

Capitolul 11: Tulburările de personalitate în viața de zi cu zi

Atunci când folosim termenul „oameni proști" pentru a ne referi la multitudinea de tulburări clasificate drept clustere DSM-5, o facem pe baza faptului că este dificil să oferim exemple concrete ale diferențelor dintre persoanele cu aceste tulburări și oamenii obișnuiți din societate. Este o abordare pragmatică a subiectului care ne permite să identificăm aceste personalități și să le abordăm în mod adecvat, fără a cădea în plasa argumentelor lor false și fără a ajunge la așteptări false cu privire la comportamentul lor.

De asemenea, este important să înțelegem că aceste tulburări există într-un spectru și că nu toate persoanele cu aceste tulburări vor prezenta aceleași comportamente sau simptome. Acestea pot prezenta caracteristici ale mai multor tulburări și nu doar ale uneia, oscilând între momente de aparentă normalitate în care par să gândească ca toți ceilalți. Evident, acest lucru duce la confuzie în diagnostic, motiv pentru care tulburările de personalitate pot fi diagnosticate greșit ca fiind alte boli mintale și viceversa. Acest lucru se datorează parțial faptului că tulburările de personalitate apar adesea împreună cu alte probleme de sănătate mintală, iar simptomele lor se pot suprapune.

În plus, stigmatizarea din jurul tulburărilor de personalitate și lipsa de conștientizare în rândul publicului larg și al unor profesioniști din domeniul sănătății pot duce la subdiagnosticare și diagnosticare eronată, motiv pentru care un procent mare de persoane cu clustere DSM-5 pot să nu caute niciodată ajutor sau tratament, chiar dacă întreaga lor viață arată o secvență de eșecuri constante de exact același tip și în exact același mod.

Un studiu publicat în American Journal of Psychiatry a constatat că prevalența tulburărilor de personalitate în populația generală este de aproximativ 15 %, iar unii cred că aceasta este mult mai mare. De exemplu, un studiu publicat în British Journal of Psychiatry a constatat că prevalența tulburărilor de personalitate în comunitate poate ajunge până la 92% în rândul persoanelor cu probleme de sănătate mintală, mult mai mare decât ratele raportate în mod normal în mediul clinic. Un alt studiu publicat în Journal of Personality Disorders a sugerat că medicii de îngrijire primară pot eșua în a diagnostica tulburările de personalitate la până la 75 % dintre pacienții care le prezintă.

Atunci când luăm în considerare faptul că numărul persoanelor care solicită tratament este semnificativ mai mic decât numărul persoanelor care nu sunt tratate și că aceste tulburări de personalitate sunt adesea cauzate chiar de persoanele cu tulburări de personalitate, adică atunci când analizăm dinamica familială, putem estima că procentul persoanelor cu clustere DSM-5 este mult mai mare decât ne imaginăm, putând ajunge la 50% din populația generală. Această estimare ia în considerare ratele de subdiagnosticare și diagnosticare eronată, prevalența ridicată în rândul persoanelor cu probleme de sănătate mintală, probabilitatea ca persoanele cu tulburări de personalitate să nu caute tratament și posibilitatea ca aceste tulburări să fie transmise în familie sau influențate de dinamica familială.

Indiferent de procentul exact, știm că tulburările de personalitate sunt relativ frecvente și adesea nediagnosticate sau diagnosticate greșit, motiv pentru care este atât de important să fim informați și conștienți de această problemă. În medie, aproximativ jumătate dintre persoanele cu care interacționăm au o tulburare psihică, iar acestea ne influențează în diverse moduri: conversațiile lor, întrebările lor și, mai presus de toate, opiniile și judecățile lor despre noi.

Evident, dacă vom căuta opiniile acestor oameni, viața noastră nu va fi altceva decât un eșec absolut. Apoi ne întrebăm de ce, când răspunsurile sunt chiar în fața noastră: persoanele cărora le-am permis să ne spună ce să credem despre noi înșine și despre deciziile noastre, aceleași persoane cărora le-am cerut sfatul și, în multe cazuri, persoanele ale căror cărți le-am citit și le-am aplicat, se credeau experți. Mai rău, unii dintre ei ar fi putut fi propriul tău medic și terapeut.

Am vorbit cu oameni care au refuzat să mă asculte pentru că medicul lor le-a spus exact contrariul și, totuși, recomandarea medicului le-a grăbit moartea. Au murit câteva luni mai târziu pentru că au respins logica și în schimb au avut încredere în autoritatea unui cluster DSM-5 cu o diplomă medicală.

Acest lucru arată cât de periculos poate fi să nu-i vezi pe acești oameni așa cum sunt ei cu adevărat și subliniază importanța sensibilizării, a reducerii stigmatizării și a îmbunătățirii serviciilor de diagnosticare și tratament pentru persoanele cu aceste tulburări.

Trebuie să te protejezi de aceste personalități înainte de a te putea gândi să empatizezi cu ele, pentru că multe dintre ele cu siguranță nu sunt interesate să caute ajutor sau să se schimbe pe ele însele și acțiunile lor. Unele dintre cele mai perverse persoane pe care le-am întâlnit în viața mea sunt psihiatri, psihologi, lectori, profesori, asistente medicale, jurnaliști, lideri religioși și chiar scriitori.

Aș fi un prost să cred că ei ajută pe cineva sau că își fac treaba cum trebuie. Ar fi ca și cum ai distra un șarpe și ai spera că nu te va mușca și nu te va ucide cu veninul său.

Capitolul 12: Noroiul de sub picioarele noastre

Îmi amintesc că m-am dus la doctor când eram adolescentă, cu o carte budistă în mână. Când am intrat în cabinetul de consultații, am pus cartea pe un scaun, cu coperta în jos și cu jacheta deasupra. El s-a ridicat și, fără să-mi ceară voie, a întors coperta în sus pentru a vedea titlul. Apoi a râs ca și cum aș fi citit ceva stupid. Deoarece mă aflam acolo pentru a obține permisiunea oficială de a mă antrena în karate, el a folosit cartea ca argument pentru a spune că mă contrazic și pentru a încerca să mă descurajeze.

Câțiva ani mai târziu, am văzut același comportament din partea reprezentantului național al unei religii. De fapt, el a folosit cartea ca argument pentru a-mi spune că cunoștințele religiei sale erau mai avansate decât ceea ce citeam eu. Am văzut caracteristici similare la alți lideri religioși.

Desigur, niciunul dintre ei nu citise vreodată ceva legat de budism, dar vampirii energetici nu sunt doar ignoranți, ci și ipocriți, dacă discreditează ceea ce studiezi tu și apoi folosesc acest lucru pentru a te subestima sau pentru a-și revendica o anumită superioritate față de tine. Singurul lucru care stă între judecata noastră și adevăr este ideea pe care o avem despre ei datorită poziției lor și condiționării noastre sociale de a crede că sunt înțelepți.

În facultate, colegii mei obișnuiau să-mi spună că sunt un prost pentru că pun la îndoială autoritatea profesorilor. Chiar și acei profesori credeau că sunt nepoliticoasă pentru că puneam cele mai simple întrebări, cum ar fi: Ce ați făcut înainte de a deveni profesor?

Ați putea crede că aceasta ar fi o întrebare normală pentru o persoană care pretinde că are ceva de predat, dar toți au fost șocați de atitudinea mea și chiar m-au numit nepoliticos. Acest lucru a fost apoi folosit pentru a mă calomnia, ca și cum nu aș fi avut dreptul să pun la îndoială autoritatea altora.

Când am predat la universități, s-a întâmplat contrariul. Studenții susțineau că nu aveam nicio autoritate în ceea ce spuneam, iar eu îi amuzam cu experiența mea. Dar ceea ce am văzut a fost că nu le păsa.

Practic, într-o lume de retardați mintal, nimănui nu-i pasă dacă întrebările tale sunt relevante sau dacă experiența ta se potrivește cu ceea ce faci. Tot ce le pasă sunt propriile lor presupuneri stupide. De aceea îmi este atât de greu să empatizez cu cei proști. Ei sunt noroiul de sub picioarele noastre care ne împiedică să ne mișcăm mai repede și să realizăm mai multe. Ei sunt boala din lume care ne afectează abilitățile cognitive și capacitatea noastră de a lua decizii eficiente. Ei sunt un cancer în literatură atunci când afectează credibilitatea autorilor și folosesc cărțile pentru a doborî omenirea mai repede. Ei nu merită compasiune pentru că sunt răi.

Dacă alegem să îi privim cu compasiune, atunci trebuie să respingem conceptul că răul există în lume. Pe cine dăm vina pentru problemele pe care le creează? Pe noi înșine?

Dacă nu ne asumăm responsabilitatea pentru răul din lume, va trebui cu siguranță și întotdeauna să ne asumăm responsabilitatea pentru consecințele acestui rău. Acest lucru este valabil atât în viața noastră personală, cât și la scară planetară.

Dacă ne gândim că ne vom întoarce într-o viață viitoare, putem fi, de asemenea, siguri că ne vom confrunta cu această responsabilitate timp de multe mii de ani. Din această perspectivă, este cu siguranță o prostie să ignorăm problema și să nu o vedem așa cum este. Mai rău, este și mai prostesc să crezi că poți obține ceea ce îți dorești în viață fără să te confrunți pe parcurs cu acești paraziți, care te trag constant în jos și îți otrăvesc mintea.

Este la fel de important să îi identificați și să îi diagnosticați corect pentru a-i trata, pe cât este de important să vă tratați de influența lor, deoarece este foarte puțin probabil ca aceștia să își reformeze comportamentul și să caute tratament. Este la fel de important să le înțelegeți pe ele pe cât este de important să înțelegeți modul în care vă afectează, pentru că veți suferi mult mai mult din cauza influenței lor decât vor suferi ele din cauza a ceea ce vă fac. Este la fel de important să îi eliminați din societate pe cât este de important să îi reabilitați, pentru că sigur îi veți găsi peste tot în viață.

Oamenii toxici nu sunt doar persoane dificile. Ei sunt cei care provoacă accidente care ucid zeci de oameni, diagnostichează greşit pacienţii şi ucid sute dintre ei şi declanşează războaie care ucid milioane. Ei sunt, de asemenea, în spatele tuturor poveştilor de sinucidere pe care vi le puteţi imagina, a tuturor descoperirilor ştiinţifice care nu au văzut niciodată lumina zilei şi a tuturor autorilor care nu au scris niciodată cartea pe care o căutaţi şi nu aţi putut să o găsiţi. Ei sunt oamenii care lucrează pentru librăriile care îmi şterg conturile fără nicio explicaţie logică sau adevăr, şi aceiaşi oameni care lasă recenzii urâte despre cărţile mele şi insulte în acele cărţi pentru că nu vor ca nimeni să le citească. Ei sunt oamenii care nu îşi spală mâncarea şi mă infectează cu paraziţi în restaurante. Ei sunt oamenii care pretind că nu am vândut nicio carte pentru a-mi fura banii. Ei sunt oamenii care te fac să te simţi nebun pentru că vezi evidenţa şi vorbeşti despre ea. Sunt oamenii care nu vor ca tu să citeşti cărţile care îi identifică.

Capitolul 13: Leacul emoțional al empaticului

Vampirii energetici au adesea istorii și experiențe complexe care contribuie la comportamentele lor și la dificultățile de a funcționa ca oameni normali. Dar este la fel de important să știm ce i-a determinat să fie așa cum sunt pe cât este să observăm ce le fac celorlalți. Nu putem ignora problema din fața noastră din cauza problemei care a precedat-o. Nu ar trebui să ignorăm zombie-ul din fața noastră din cauza poveștilor pe care ni le spune despre zombie-ul care l-a mușcat.

Trauma și abuzul de substanțe, sau ambele, sunt adesea la originea dificultăților lor de a funcționa ca persoane sănătoase. În ciuda potențialului lor de capacitate intelectuală ridicată, pe care o investesc adesea în planificarea de a le face rău altora pentru propriul lor beneficiu, aceste persoane par a fi lipsite de înțelepciune practică, ceea ce le face dificil să facă față în mod eficient provocărilor vieții cu compasiune pentru ceilalți. Dar diferența dintre empatic și narcisist este că, deși ambii au suferit traume în copilărie, empaticul se poate vindeca, în timp ce narcisistul probabil nu o va face niciodată.

Din cauza lacunelor de memorie și a disociației severe, persoanele cu tulburări de personalitate de grup B au dificultăți în formarea unei identități de bază stabile, ceea ce duce la fluctuația personalităților și la dependența de validarea externă pentru un sentiment de valoare de sine sau de reglare emoțională, astfel încât acestea par adesea volatile, instabile și predispuse la autosabotaj.

Un alt factor critic care contribuie la percepția prostiei lor este susceptibilitatea lor la influențele externe. Împreună cu fanteziile lor încorporate, această susceptibilitate conduce la o stare constantă de vigilență, văzând pe oricine ca pe o amenințare sau un potențial inamic și creând o barieră între ei și realitate, afectându-le capacitatea de a evalua cu exactitate situațiile și de a-i înțelege pe ceilalți. Aceste persoane au tendința de a adopta mijloace de apărare aloplastice, dând vina pe factori externi pentru erorile lor de judecată și înfrângeri, în loc să abordeze cauza principală a problemelor lor.

Termenul „aloplazic" este utilizat în psihologie și psihiatrie pentru a descrie un mod de a face față stresului sau conflictului prin încercarea de a schimba mediul sau alte persoane, mai degrabă decât de a se schimba pe sine. Acest concept este adesea contrastat cu adaptarea „autoplastică", în care o persoană răspunde la stres prin schimbarea propriilor atitudini, comportamente sau percepții.

Deconectarea de realitate și lipsa unui centru de greutate stabil fac ca aceste persoane să fie extrem de vulnerabile la manipulare și exploatare și, deși pot încerca să îi înșele pe ceilalți, vulnerabilitatea lor intrinsecă și nucleul rupt înseamnă că sunt ușor de reperat de către persoanele viclene. Din cauza acestei vulnerabilități și a fricii de o lume ostilă pe care o percep în jurul lor, ei creează un locus de control extern constant și un comportament de evitare. Numai atunci când victimele participă în mod voluntar la manipularea lor, aceste personalități reușesc în actele lor de constrângere, motiv pentru care tind să prefere să domine persoanele empatice.

Empaticii, așa cum sunt adesea numiți, sunt mai predispuși să accepte diferențele celorlalți și să caute acordul, motiv pentru care tind să fie victime ale abuzului narcisist. Dar empaticul nu este atât o victimă, cât un facilitator, deși din naivitate și din nevoia de apartenență, care este cealaltă față a faptului de a fi o victimă a abuzului narcisist.

Părinții abuzivi narcisiști tind să creeze două tipuri de copii: unul care caută să îi manipuleze pe ceilalți pentru a se autogratifica și altul care caută validarea din partea celorlalți. Ambele sunt persoane disfuncționale, cu tulburări de personalitate. Însă empaticii se așteaptă ca noi să îi vedem ca pe niște victime care nu sunt responsabile pentru ceea ce li se întâmplă și, în același timp, își perpetuează statutul de victimă.

Empaticii se confruntă adesea cu un ciclu de abuzuri din partea diverșilor narcisiști până când învață să se apere și să refuze să fie minimalizați. Abia atunci, și prin dezvoltarea empatiei de sine mai degrabă decât a empatiei externe pentru alții, empații învață importanța unor limite sănătoase și a unui egoism sănătos.

Deloc surprinzător, atunci când empaţii încep să îşi descopere adevărata iubire de sine, care le-a fost refuzată în copilărie de către părinţii narcisişti, societatea îi învinovăţeşte adesea pentru asta, ca şi cum ar fi greşit să se iubească pe ei înşişi. Aceasta este, de obicei, o interpretare greşită a societăţii însăşi, care stabileşte limite pentru ceea ce este normal sau anormal şi, prin urmare, inacceptabil.

Societatea confundă adesea o abundenţă de iubire de sine sănătoasă cu narcisismul, deoarece societatea este în mare parte proastă şi îi lipseşte discernământul. Oamenii judecă suprafaţa a ceea ce observă fără niciun criteriu sau cunoaştere a ceea ce judecă, ca să nu mai vorbim de impactul insultelor lor. Tocmai din acest motiv, empaticul trebuie să treacă prin respingerea societăţii pentru a se găsi pe sine şi pentru a descoperi mijloacele de a se vindeca de trecutul său.

Empaticul se vindecă doar atunci când învaţă să fie singur şi să accepte respingerea care a fost cea mai mare frică a sa în copilărie. După aceea, el înţelege iubirea de sine, diferenţa dintre a fi singur şi a fi singură şi, prin extensie, diferenţa dintre a fi acceptat şi a fi iubit. După aceea, empaticul este pregătit să găsească dragostea adevărată.

Cu toate acestea, între aceste etape, empaticul este cel care este adesea găsit singur la petreceri, privind apusul singur, trezindu-se la răsăritul soarelui cu zâmbetul pe buze şi plimbându-se singur într-o grădină vastă. El nu este deprimat, nebun sau singur, ci se descoperă pe sine.

Poate că societatea nu va înţelege niciodată acest lucru, dar este un proces necesar pentru ca empaticul să îşi accelereze vindecarea, iar fără el, s-ar putea să nu se vindece niciodată. Nu este suficient să știe ce i s-a întâmplat. Trebuie să treacă prin durerea emoțională pentru a-și deschide inima față de viață și pentru a învăța să se bucure de viață pentru ei înșiși, fără a trebui să dovedească ceva celorlalți.

Întrucât empaticul muncește mai mult decât oricine altcineva pentru a-și dovedi valoarea în fața societății, poate fi atât deprimant, cât și eliberator să nu mai fie nevoit să facă acest lucru. Apoi, empaticul începe să se schimbe intern, deoarece nu mai are nevoie de validarea altora, ci pur și simplu devine el însuși și se validează prin lucrurile pe care le face cu plăcere. După aceea, empaticul nu mai simte nevoia să își explice alegerile de viață sau să se teamă de dezaprobare. El va fi pe un nou drum al său, unul pe care l-a ales cu adevărat pentru el însuși, nu pentru a obține aprobarea societății și a compensa astfel dezaprobarea părinților narcisiști care l-au făcut să se simtă nedemn de admirație.

Capitolul 14: Mecanisme de coping ale personalităților din grupul B

Deoarece tulburările de personalitate din grupul B provin, de obicei, din abuzuri în copilărie, ele sunt în mod inerent post-traumatice și compensatorii. Aceste persoane nutresc gânduri interioare care sunt critice, dure și uneori sadice, creând o luptă internă constantă și tendințe autodistructive. Pentru a face față frământărilor lor interioare, mulți dintre ei recurg la abuzul de substanțe și dezvoltă dependențe ca o formă de ușurare temporară, perpetuând și mai mult ciclul disfuncționalității.În ceea ce privește paradoxul inteligenței prezentat de personalitățile din grupul B, trebuie să ne dăm seama că inteligența, așa cum este măsurată prin metode tradiționale, nu garantează succesul sau competența în abordarea complexității interacțiunilor umane. Deși aceste persoane pot avea capacități intelectuale impresionante în anumite domenii, incapacitatea lor de a aplica eficient această inteligență în situații practice o face aparent inutilă. Întrebarea este atunci: cum pot supraviețui și prospera aceste persoane într-o lume pe care au dificultăți în a o înțelege?

Lipsa lor de înțelegere a dinamicii umane de bază, a emoțiilor și a semnalelor sociale reprezintă provocări semnificative, limitându-le capacitatea de a forma relații semnificative și de a construi rețele de sprijin. Viețile lor sunt adesea marcate de oportunități ratate, potențial nerealizat și o lipsă profundă de înțelegere a lor, a celorlalți și a lumii din jurul lor. Aceste persoane sunt profund rănite și distruse în esența lor. Deficiențele lor depășesc cu mult orice capacitate intelectuală pe care o pot avea, făcându-i incapabili să înțeleagă elementele fundamentale ale ființei umane.

Este dificil să ne imaginăm o metodă de a ne ocupa de ei, deoarece sunt dincolo de reabilitare prin empatie și educație. Dar cel mai rău lucru pe care îl putem face ca societate este să le încurajăm comportamentul delirant și tacticile de manipulare prin faptul că nu le punem la îndoială raționalitatea și intențiile. Numai atunci când aceste persoane sunt confruntate cu consecințele comportamentului lor vor fi forțate să își reconsidere acțiunile.

Nu este neobișnuit ca aceștia să își planifice dispariția înainte de aceste momente, motiv pentru care mulți dintre ei visează să își reînceapă viața altundeva, unde nimeni nu știe cine sunt. Mulți dintre acești oameni sunt nomazi pentru că au nevoie să își ascundă trecutul de oamenii cu care interacționează. Îi poți distinge cu ușurință de alții cu același stil de viață prin sentimentul lor de grandoare atunci când vorbesc despre locurile pe care le-au vizitat.

„Poate că ai vizitat mai multe țări decât mine, dar ai vizitat fiecare continent?", mi-a spus o femeie din Clusterul B într-o conversație ocazională.

Îți poți da seama cine are acest tip de personalitate după modul în care încadrează o conversație în creierul său. Îți vor spune explicit dacă îi dezarmezi cu sinceritate, așa cum am făcut eu când i-am răspuns: „Nu, nu am fost pe toate continentele! Se pare că ai văzut mai multe decât mine!"

„Nu este o competiție", a spus ea, dezvăluindu-și practic gândurile.

De asemenea, această femeie s-a străduit să le spună tuturor că are un doctorat și că este creștină, ceea ce este un alt semnal de alarmă, deoarece aceste personalități vor să pară inofensive și demne de empatie încă de la început. Religia și titlurile academice ar trebui să fie cel mai puțin important lucru într-o conversație, așa că ferește-te de persoanele care își etalează aceste atribute în fața altora, ca și cum ar căuta un schimb de încredere și validare din partea ta.

Dacă aveți îndoieli cu privire la intențiile lor, reflectați asupra lor și vedeți cum reacționează. În exemplul de mai sus, când i-am spus acestei femei că sunt interesat de diverse subiecte religioase și că aș dori să particip la prelegerile sale publice, nu m-a invitat. Când i-am spus că sunt profesor universitar de scriere academică, nu a avut nicio reacție, ca și cum ar fi fost irelevant pentru ea. Întreaga conversație a fost manipulată în favoarea ei și nu era deosebit de atractivă sau interesantă ca persoană, dar acești oameni nu sunt interesați să vorbească cu cei care pot vedea prin ei, așa că a fost foarte fericită când am plecat.

Nimic nu face o personalitate Cluster B mai fericită decât să fie abandonată de amenințarea lor și lăsată singură cu toți idioții pe care îi pot manipula ca pe niște păpuși. Ei nu văd interacțiunile sociale decât ca pe un spectacol de păpuși.

Dacă vreți să înțelegeți clar cum funcționează o personalitate de grup B, trebuie doar să îi observați ca pe un copil mic care se joacă cu jucăriile lor, oferindu-le o voce, gânduri și o personalitate la alegere, pe baza presupunerilor și stereotipurilor lor. Acesta este modul în care ei văd lumea, la fel ca jucăriile lor.

Imaginați-vă o fetiță care se joacă cu păpuși, pentru că un adult cu o personalitate Cluster B face exact același lucru cu oamenii din jurul său. Ei nu văd oamenii ca indivizi cu personalități, identități și opinii unice. Îi văd ca pe niște obiecte, obiecte care aparțin personalității Cluster B. Ei sunt jucăriile lor!

Capitolul 15: Cum văd lumea personalitățile Cluster B

Există un număr tot mai mare de persoane care manifestă tulburarea de personalitate Cluster B din cauza numeroaselor probleme care afectează lumea noastră, dar este ușor să le depistăm atunci când le refuzăm ceea ce vor de la noi, fie că este vorba de bani, un obiect al nostru sau informații despre viața noastră. Când răspund cu insulte, le cunoaștem natura. Este chiar acolo, în modul în care reacționează când sunt împiedicați să profite de altcineva.

Socialiștii în special, cu mentalitatea lor „ce e al tău e și al meu", sunt predispuși la un comportament similar. Dar comuniștii reprezintă extrema acestui comportament atunci când este aplicat unei societăți, deoarece se bazează pe ideea că nu există nimic despre tine pe care eu să nu-l pot obține, inclusiv informații personale despre viața ta.

Știu foarte bine acest lucru pentru că am fost crescută de două persoane cu tulburări de personalitate de grup B și a trebuit să lucrez în China comunistă timp de mai mulți ani. Când i-am spus tatălui meu că nu îl voi vizita dacă nu își cere scuze pentru comportamentul său, mi-a răspuns cu un mesaj uriaș plin de insulte - cel mai lung mesaj pe care mi l-a trimis vreodată - în comparație cu multe altele care nu aveau mai mult de una sau două fraze. Când i-am spus mamei mele că o voi da în judecată pentru defăimare dacă îmi mai trimite amenințări, a dispărut și nu mi-a mai scris niciodată.

În China, confruntarea comuniștilor cu privire la comportamentul lor ducea de obicei la un răspuns răzbunător similar, dar cu consecințe mai grave. Odată i-am scris o scrisoare președintelui unei universități din sudul Chinei, unde lucrasem, în care expuneam minciunile pe care mulți oameni le răspândeau despre mine și dovezile că toate acestea erau calomnii și defăimări. Dovezile pe care i le-am prezentat au fost semnate de mai mulți membri ai personalului și studenți. Rezultatul a fost că au încercat să mă omoare otrăvindu-mă când m-am dus să beau o cafea după ce am livrat scrisoarea și în timp ce așteptam zborul spre Shanghai. Întrucât am supraviețuit, au petrecut restul timpului încercând să afle unde lucram și, cum acești oameni nu se opresc niciodată în obsesia lor pentru răzbunare, am sfârșit prin a fi nevoit să părăsesc țara.

Când cineva îmi vorbește despre victimele războiului, când o țară comunistă este amenințată cu anihilarea, este dificil să discut despre acest subiect, deoarece există întotdeauna victime într-un război împotriva tiraniei. Dar există o altă cale?

Răspunsul la această întrebare depinde de cât de mult îți prețuiești sufletul. Cei cărora nu le pasă să aibă un suflet își vor prostitua cu ușurință valorile în schimbul unui pic de confort și, atunci când chiar și acesta le este luat, pentru nimic mai mult decât supraviețuire.

Narcisiștii te vor ucide la propriu dacă au ocazia, cu excepția cazului în care te consideră inofensiv, ceea ce înseamnă, de asemenea, că nu ai nicio valoare ca persoană, nici măcar pentru tine, și că ești prea slab pentru a-ți examina propriile obiective de viață. Dacă nu vă pot ucide, vă vor calomnia pentru ca alții să vă ucidă. Dacă nu pot face asta, îi vor face pe oameni să vă urască și să vă dea afară de oriunde v-ați afla, făcându-vă să vă pierdeți legăturile de familie sau locul de muncă. De asemenea, te vor urmări pe rețelele sociale pentru a aduna informații despre tine pe care le vor folosi împotriva ta.

După ce ați petrecut ceva timp atât cu personalitățile din Cluster B, cât și cu victimele lor, vă puteți da seama cu ușurință de diferență doar privindu-le în ochi. Această informație este abundentă în fotografii și picturi de-a lungul timpului, dar va deveni, de asemenea, foarte evidentă atunci când interacționați cu barmanii, casierii, agenții de securitate și alte persoane pe care le întâlniți în întreaga lume, în special în țări precum Polonia, Lituania, Portugalia, Spania, Croația și Grecia, printre altele, unde majoritatea populației pare să nu aibă creier.

Privirea persoanelor cu tulburări de personalitate se caracterizează printr-un contact vizual intens, penetrant, care solicită atenție. De asemenea, au tendința de a-i privi pe ceilalți de sus și de a devaloriza angajamentul din ochii lor, ca un șarpe care se uită la un șoarece.

Scopul acestei priviri este să intimideze și să încerce să stabilească dominația și controlul asupra celorlalți, făcându-i să se simtă proști și inferiori. Privirea este de obicei îndreptată spre cealaltă persoană cu un aer de superioritate și îndreptățire. Este o încercare de afirmare a puterii și de întărire a imaginii de sine umflate a unei persoane dominatoare.

Acest contact vizual intens îi poate face pe ceilalți să se simtă stânjeniți sau chiar intimidați, ca și cum ar fi examinați sau judecați negativ fără un motiv anume. Acest tip de privire poate fi însoțit de un zâmbet psihopat lipsit de emoție autentică. Este un zâmbet superficial, nesincer, care nu ajunge la ochi.

Zâmbetul psihopat este adesea folosit pentru a-i înșela, dezarma, manipula și chiar batjocori pe ceilalți. Uneori poate părea chiar fermecător și carismatic la suprafață, dar îi lipsește căldura și autenticitatea asociate în mod normal cu un zâmbet sincer.

Acestea sunt aspecte care pot fi observate cu ușurință într-o fotografie de grup sau în primele câteva secunde de interacțiune cu cineva. Deși nu sunt determinante pentru caracterul unei persoane, acestea tind să fie consecvente cu cuvintele, acțiunile și expresiile fizice ulterioare ale acesteia.

Capitolul 16: Identificarea personalităților grupului B

O privire asupra interviurilor cu psihopați cunoscuți vă va oferi experiența de care aveți nevoie pentru a vedea diferențele dintre aceste trăsături și cele ale persoanelor autentice, sănătoase. De asemenea, puteți identifica acești agresori observând persoanele din jurul lor, deoarece victimele abuzurilor prezintă adesea diverse expresii faciale și caracteristici fizice care pot indica impactul emoțional și psihologic al experiențelor lor.

Unele modele și caracteristici comune observate la multe victime ale abuzului narcisist includ o stare constantă de hipervigilență - însoțită de semne de nervozitate, cum ar fi agitația, neliniștea sau reacția crescută de tresărire; stima de sine scăzută și lipsa de valoare de sine - adesea exprimate prin îndoială și lipsa de încredere în abilitățile lor; depresie cronică și confuzie; disperare și tristețe; un sentiment de gol; și pot părea chiar fragile emoțional sau ușor de copleșit.

În timp, aceste emoții capătă manifestări fizice, cum ar fi stresul, tensiunea musculară, care duce adesea la curbarea coloanei vertebrale, dureri de cap, probleme digestive și insomnie. Aceste manifestări fizice pot fi văzute în expresiile feței, inclusiv un aspect obosit sau uzat, riduri sau o expresie tensionată.

Pentru a face față oboselii și lipsei de stimă de sine, victimele se izolează adesea de interacțiunile sociale. De asemenea, pot face acest lucru pentru a evita victimizarea în continuare, deoarece limbajul lor corporal poate transmite o poziție precaută, brațele încrucișate sau o postură defensivă generală care îi face pe ceilalți să creadă că sunt antisociali. Aceste caracteristici pot fi observate și la victimele rasismului, xenofobiei și ale altor forme de discriminare, astfel încât este important să abordăm modul în care anumite culturi și țări interacționează cu noi pe baza valorilor și judecăților lor.

Din cauza istoriei sale, Europa are o abundență de persoane cu tulburări de personalitate de tip B, ceea ce explică nu numai ceea ce s-a întâmplat înainte, ci și o mare parte din comportamentul pe care îl vedem astăzi și care este similar cu cel din trecut. Istoria rasismului nu a dispărut niciodată din Europa, dar dacă judecăm acest lucru doar după numărul lagărelor de concentrare, nu vom vedea ce se întâmplă pe acest continent și unde ar putea duce în viitor, iar când o vom face, ar putea fi prea târziu. În plus, dacă națiunile europene percep atacurile asupra uneia dintre cele mai rasiste națiuni ale lor ca pe o amenințare, ele nu gândesc global, ci egoist, motiv pentru care ministrul indian de externe, Dr. Subrahmanyam Jaishankar (la Forumul Globsec 2022 din Slovacia), a declarat: „Europa trebuie să iasă din mentalitatea conform căreia problemele Europei sunt problemele lumii, dar problemele lumii nu sunt problemele Europei".

Aş spune că, deşi ieşirea este o aplicare mai adecvată a atitudinii într-un sens diplomatic, maturizarea ar fi o aplicare mai corectă a acestei fraze. Pentru că, în timp ce folosirea expresiei „a ieşi din ceva" sugerează necesitatea ca Europa să îşi schimbe mentalitatea sau perspectiva, să se îndepărteze de convingerile actuale, „a creşte" se referă la procesul de dezvoltare naturală sau maturizare. Aceasta implică faptul că mentalitatea Europei trebuie să se maturizeze şi să evolueze.

Atunci când spunem: Europa trebuie să renunţe la mentalitatea conform căreia problemele Europei sunt problemele lumii, dar problemele lumii nu sunt problemele Europei, spunem că marea majoritate a europenilor sunt narcisişti şi aroganţi, ceea ce contribuie la maltratarea oamenilor pe care îi consideră inferiori, la priviri rasiste şi la diverse forme de discriminare. Dar, pe baza experienţei mele de călătorie în diferite ţări, aş spune că această frază este mai realistă, deşi mai puţin diplomatică şi mai puţin susceptibilă de a fi acceptată de mase.

Privind Europa în acest fel, ne face mai puţin solidari cu distrugerea ţărilor care promovează diviziunile dintre oameni şi sprijină persecuţia celor consideraţi diferiţi, dar, deşi Europa a fost întotdeauna aşa, ne obligă, de asemenea, să punem la îndoială valorile sale şi să cerem mai multă intervenţie şi responsabilitate politică, spre deosebire de sprijinul tot mai mare pe care îl primesc regimurile totalitare şi naţionaliste prin discursuri rasiste precum cele pe care le auzim în Polonia, Spania şi Ungaria.

Valorile pe care le promovăm și dinamica globală pe care o permitem sau o ignorăm pe baza propriei noastre percepții a realității facilitează abuzul asupra unor persoane care nu ar trebui să aibă multe dintre drepturile pe care le au. Dacă această situație se prelungește suficient de mult, vom vedea cum aceste persoane ajung în poziții de putere și apoi influențează afacerile globale și culturi întregi, precum și soarta continentelor.

Acesta este marele pericol al personalităților Cluster B în lume, deoarece acestea pot conduce întreaga planetă la autodistrugere. Diviziunile pe care le vedem pe planetă și atacurile ignorante pe care le vedem din multe părți ale conflictelor sunt toate cauzate de aceste personalități.

Schimbarea țapilor ispășitori de la musulmani la evrei, sau de la evrei la africani și acum la arabi în general nu schimbă faptul că europenii sunt extrem de xenofobi și predispuși la crime în masă și genocid, după cum arată istoria lor. Ne uităm la trecut și credem că nu poate fi repetat, așa că nu vedem nicio diferență între discursurile lui Hitler și cele ale liderilor europeni de astăzi. Iată câteva dintre aceste exemple de membri ai Parlamentului European și rețineți că toate persoanele enumerate au fost membre ale acestui Parlament la un moment dat, ceea ce înseamnă că au reprezentat sau încă reprezintă marea majoritate a acestor națiuni și sentimentele unui continent și ale poporului său:

„Europa este o grădină, am construit o grădină. Totul funcționează. Cea mai mare parte a restului lumii este o junglă, iar jungla poate invada grădina. -Josep Borrell

„Există unii negri inteligenți, desigur, dar în medie sunt puțin sub inteligența medie a europenilor." -Janusz Korwin-Mikke

„Ce se va întâmpla cu Europa, un conglomerat de negri, haos total." - Andreas Molzer

„Orice persoană normală, corectă, ar avea tot dreptul să se îngrijoreze dacă un grup de români s-ar muta brusc alături." -Nigel Farage

„Îmi pare rău, dar unii oameni sunt mai egali decât alții dacă sunt cetățeni francezi." - Marine Le Pen

„Vreau ca Estonia să fie o țară albă". -Martin Helme

„Imigrația este cea mai mare amenințare la adresa viitorului Spaniei." -Santiago Abascal

„Cultura, mentalitatea și civilizația noastră boreală sunt amenințate de imigrația în masă." - Thierry Baudet

„Trebuie să ne protejăm cultura elvețiană de străini." -Christoph Blocher

„Trebuie să ne protejăm cultura slovacă de străini." -Marian Kotleba

„Trebuie să oprim fluxul de imigranți pentru a ne proteja cultura." -Michał Marusik

„Trebuie să ne protejăm cultura poloneză de influențele străine." -Jarosław Kaczyński

„Trebuie să oprim afluxul de imigranți pentru a ne proteja cultura." -Giorgia Meloni

„Trebuie să ne protejăm cultura germană de influențele străine." -Udo Voigt

„Al Treilea Reich a avut o adevărată politică de ocupare a forței de muncă." -Jörg Haider

Iată câteva discursuri care pot semăna cu cele ale lui Hitler cu privire la problema evreilor din Germania:

„Islamul nu are ce căuta în Germania". -Beatrix von Storch

„Nu spun că camerele de gazare nu au existat. Nu le-am putut vedea nici eu. Dar cred că există alte metode, mai eficiente, mai discrete și mai puțin vizibile, de eliminare a cadavrelor." -Jean-Marie Le Pen

„Islamul este un cancer care trebuie eradicat." -Filip Dewinter

„Islamul este cea mai mare amenințare la adresa Suediei de la al Doilea Război Mondial încoace." -Jimmy Åkesson

„Trebuie să oprim islamizarea Europei." -Norbert Hofer

„Ce vor musulmanii? Vor să ne ia pământul și să se înmulțească ca iepurii." -Giancarlo Scottà

„Problema nu este imigrația, problema este prezența musulmană." -Roberto Fiore

Acești reprezentanți arată nu numai cât de rasiști sunt, ci și cât de proști sunt, motiv pentru care nu le poți separa niciodată pe cele două.

Capitolul 17: Ipocrizia sentimentului anti-imigrație

Nimic nu poate fi mai stupid decât un reprezentant al Ungariei care spune: „Nu vrem să devenim o rasă mixtă" (Viktor Orbán, prim-ministru al Ungariei). Ungaria este o țară creată de imigranți amestecați care nu au ce căuta acolo. Maghiarii, care sunt astăzi grupul etnic dominant în Ungaria, erau un popor nomad din regiunea Munților Ural. Munții Ural sunt situați între Europa și Asia, în Rusia de astăzi, deasupra graniței de nord a Kazahstanului. Maghiarii înșiși sunt descendenți ai altor grupuri care au ocupat regiunea, cum ar fi celții, romanii, hunii, avarii și slavii.

În timpul Evului Mediu, Ungaria a fost un regat multietnic. Acesta includea populații semnificative de germani, slavi (precum croații și slovacii) și alte grupuri precum cumanii și pecenegii. În timpul stăpânirii otomane a Ungariei (care a durat aproximativ 150 de ani), Ungaria a fost oficial o națiune islamică, cu un amestec de influențe turcești, balcanice și de altă natură, cum ar fi populația romă. De asemenea, Ungaria are una dintre cele mai mari populații de romi din Europa, estimată la aproximativ 10 % din populația totală.

Limba și cultura maghiară au fost influențate de diverse culturi învecinate, inclusiv de influențe germane, slave și turcești. A spune că maghiarii nu sunt un popor mixt înseamnă a nega complet cultura maghiară. Însă, din cauza rasismului în creștere în Ungaria, mulți oameni care trăiesc în țară de generații se confruntă cu discriminarea și marginalizarea.

De asemenea, merită menționat faptul că, deși nu este intenția acestei cărți să educe cititorul cu privire la istoria Europei și a popoarelor sale, nu există nimic mai stupid decât să spui că europenii sunt albi sau că europenii sunt împotriva imigrației, deoarece ei înșiși nu au apărut spontan de nicăieri pe acest continent, ci sunt toți descendenți din alte locuri de pe glob, majoritatea din Africa și Orientul Mijlociu. De fapt, primele ființe umane din Europa au migrat din Africa. Dovezile arheologice arată că oamenii moderni (Homo sapiens) au apărut pentru prima dată în Africa și au migrat treptat spre Europa în urmă cu aproximativ 40.000-50.000 de ani. În plus, nu ar exista cultură europeană fără arabi, africani și musulmani, deoarece chiar comerțul dintre Asia, Africa și Europa a fost posibil datorită musulmanilor. Ceea ce noi numim mâncare mediteraneană nu ar exista fără Africa de Nord și Orientul Mijlociu.

Europenii moderni care sunt rasiști și ignoranți trebuie să fie și ipocriți pentru a ascunde faptul că nimic în Europa nu ar exista fără influența imigranților sau fără bunurile furate și informațiile obținute de europenii care au migrat în altă parte pentru a obține aceste lucruri. De exemplu, vechii greci și romani au fost puternic influențați de culturile din Orientul Mijlociu și Africa de Nord. În special fenicienii (din ceea ce este acum Libanul) au avut schimburi comerciale și culturale semnificative cu grecii.

În timpul dominației islamice în Europa, maurii, musulmani din Africa de Nord și Orientul Mijlociu, au condus părți ale Spaniei (Al-Andalus) din secolul al VIII-lea până în secolul al XV-lea și au adus Europei progrese culturale, științifice și arhitecturale semnificative. Aceste contribuții au fost deosebit de importante în timpul Epocii de aur islamice (secolele VIII-XIII) și au contribuit la punerea bazelor Renașterii europene și ale Revoluției științifice. Transferul de cunoștințe a avut loc prin diverse canale, inclusiv Spania islamică, Sicilia și cruciadele. Unele dintre principalele contribuții ale musulmanilor la civilizația europeană sunt următoarele:

1. Păstrarea și traducerea textelor antice grecești și romane, care au contribuit la declanșarea Renașterii europene. Savanții musulmani au tradus și au extins lucrările lui Aristotel, Ptolemeu și ale altor gânditori clasici.

2. Progresele în matematică, inclusiv algebra, algoritmii și trigonometria. Cuvântul „algebră" în sine este arab.

3. Dezvoltări în astronomie, inclusiv instrumente astronomice îmbunătățite și observații celeste mai precise.

4. Cunoștințele și practicile medicale, inclusiv anatomia, tehnicile chirurgicale și farmacologia. Canonul de medicină al lui Avicenna a fost un text medical standard în Europa timp de secole.

5. Progresele în chimie și alchimie, inclusiv tehnicile de distilare și descoperirea unor substanțe precum alcoolul.

6. Influențe arhitecturale, în special în Spania, Sicilia și alte zone de dominație sau contact musulman.

7. Tehnicile agricole și introducerea de noi culturi, precum bumbacul, portocalele, lămâile și trestia de zahăr.

8. Dezvoltarea opticii și a metodei științifice de către savanți precum Ibn al-Haytham.

9. Influențe asupra artei, textilelor și stilurilor decorative europene.

10. Lucrări filosofice care au influențat gânditorii europeni, în special savanți precum Averroes.

11. Instrumente de navigație și cunoștințe geografice care au facilitat explorarea europeană. Hărțile de navigație portugheze (copiate ulterior de alte națiuni precum Spania, Franța, Olanda și Anglia) au fost obținute de la musulmani.

12. Conceptul de universitate și progresele în sistemele educaționale. Universitatea Al-Qarawiyyin, fondată în 859 în Fez, Maroc, este considerată una dintre cele mai vechi universități din lume care funcționează continuu. Aceasta a servit drept model pentru instituțiile de învățământ ulterioare din Europa. Între timp, în întreaga lume musulmană, inclusiv în Al-Andalus, au fost înființate instituții educaționale islamice cunoscute sub numele de madrasa. Aceste instituții se concentrau pe o gamă largă de materii, inclusiv drept, teologie, filosofie, matematică și medicină.

Structura și programul de studii al madraselor au influențat dezvoltarea universităților europene.

13. Dezvoltări în domeniul cronometrării, inclusiv ceasuri mecanice. Al-Jazari, un inginer și inventator arab din secolul al XII-lea, a adus contribuții semnificative în domeniul cronometrării. El a proiectat și construit ceasuri mecanice complexe, capabile să înregistreze trecerea timpului cu o precizie remarcabilă. Savanții arabi au dezvoltat și îmbunătățit, de asemenea, instrumente precum astrolabul și cadranul solar, care au fost utilizate pentru măsurarea timpului și navigație. Aceste instrumente au fost ulterior adoptate și perfecționate în Europa.

14. Influențe culinare și introducerea condimentelor și a alimentelor noi. Arabii au introdus în Europa o varietate de condimente, inclusiv scorțișoară, ghimbir, șofran și piper. Aceste condimente au devenit o parte integrantă a bucătăriei europene și erau foarte apreciate în comerț. De asemenea, arabii au introdus în Europa culturi precum orezul, trestia de zahăr, citricele și spanacul. Aceste alimente au devenit alimente de bază în dieta europeană și au avut un impact semnificativ asupra agriculturii și comerțului. De asemenea, arabii au adus în Europa noi tehnici și rețete culinare. De exemplu, utilizarea migdalelor în deserturi și prepararea unor mâncăruri precum couscous și falafel au influențat tradițiile culinare europene.

15. Contribuții lingvistice, multe cuvinte arabe intrând în limbile europene. Și anume:

În matematică și știință: Cuvinte precum „algebră" (din arabă „al-jabr"), „algoritm" (din numele matematicianului Al-Khwarizmi) și „zero" (din arabă „sifr").

În astronomie: termeni precum „zenit" (din araba „samt al-ra's"), „nadir" (din araba „nazir") și „almanah" (din araba „al-manakh").

În chimie: cuvinte precum „alcalin" (din araba „al-qali"), „alcool" (din araba „al-kuhl") și „elixir" (din araba „al-iksir").

În limbajul cotidian: cuvinte comune precum „cafea" (din araba „qahwa"), „zahăr" (din araba „sukkar") și „bumbac" (din araba „qutn").

Imperiul Otoman, cu sediul în Turcia de astăzi, a controlat timp de secole părți din Europa de Est, inclusiv Balcanii și Ungaria, ceea ce a dus la schimburi culturale și influențe semnificative. Între timp, puterile coloniale europene, precum Marea Britanie, Franța, Spania și Portugalia, s-au angajat în ample migrații și schimburi culturale cu coloniile lor din Africa, Asia și America, rezultând un flux bidirecțional de oameni, idei și bunuri care au contribuit la bogăția ce le-a permis europenilor să intre într-o nouă eră de prosperitate.

Capitolul 18: Impactul imigrației asupra culturii americane

Deși expansiunea colonialismului european a stat la baza formării unei noi națiuni cunoscute astăzi ca Statele Unite, cultura sa nu ar exista fără o varietate de influențe din întreaga lume. Iată de ce:

Culturi precum porumbul, cartofii și fasolea au fost cultivate de nativii americani și au devenit baza agriculturii americane.

Tradițiile muzicale africane, cum ar fi ritmurile și instrumentele, au avut o influență profundă asupra genurilor muzicale americane, cum ar fi jazzul, blues-ul și hip-hop-ul. Tradițiile culinare africane au influențat bucătăria sudică, cu mâncăruri precum gumbo, jambalaya și soul food.

Modelul german de învățământ superior, cu accentul său pe cercetare și discipline specializate, a influențat dezvoltarea universităților americane. Progresele tehnologice și inginerești germane, cum ar fi în sectorul automobilelor și în cel chimic, au influențat industria americană.

Tehnologiile și practicile industriale dezvoltate în Marea Britanie în timpul revoluției industriale au fost adoptate și dezvoltate în SUA. Sistemul juridic american este puternic influențat de common law-ul britanic.

Bucătăria mexicană a avut o influență semnificativă asupra alimentației americane, mâncăruri precum tacos, burritos și enchiladas devenind populare în întreaga țară. Ingrediente precum ardeiul iute, avocado și coriandrul sunt acum de bază în bucătăriile americane.

Mâncarea chinezească, cum ar fi preparatele prăjite, mâncărurile cu tăiței și dim sum, a devenit parte a scenei culinare americane.

Sushi și alte mâncăruri japoneze au devenit foarte populare în Statele Unite.

Tehnicile și preparatele culinare franceze au influențat bucătăria americană.

Elementele arhitecturale islamice, cum ar fi cupolele și arcadele, au influențat arhitectura americană, în special în clădiri precum Taj Mahal Casino din Atlantic City.

Mai mult, cele mai populare lucruri care alcătuiesc astăzi SUA nu ar fi existat fără imigrație:

Pizza italiană este unul dintre cele mai populare alimente din SUA, cu nenumărate pizzerii și lanțuri în întreaga țară.

Bucătăria mexicană, inclusiv tacos, burritos și enchiladas, este consumată pe scară largă în SUA și a devenit un element de bază al dietei americane.

Hamburgerii, care își au rădăcinile în bucătăria imigranților germani, sunt un aliment american prin excelență, cu numeroase lanțuri de fast-food și restaurante de burgeri gourmet.

Muzica blues, cu rădăcini în tradițiile muzicale africane, a avut o influență profundă asupra rock and roll-ului, country-ului și altor genuri.

Hip-hop-ul (influențat de tradițiile muzicale africane și caraibiene) este unul dintre cele mai populare și influente genuri muzicale din SUA și din lume.

Levi Strauss, un imigrant german, a popularizat blugii în SUA. Astăzi, blugii sunt un element de bază al modei americane, fiind purtați de persoane de toate vârstele și din toate mediile.

În plus, multe inovații și progrese medicale în SUA au fost realizate de imigranți, inclusiv dezvoltarea de vaccinuri, dispozitive medicale și tratamente:

Născut din părinți imigranți evrei din Polonia, Dr. Salk a dezvoltat primul vaccin de succes împotriva poliomielitei în anii 1950, iar munca sa a condus la aproape eradicarea poliomielitei în SUA și în lume.

Fiu al unor părinți evrei imigranți din Rusia, Dr. Blumberg a codescoperit virusul hepatitei B și a dezvoltat primul vaccin împotriva hepatitei B.

Născut în Argentina, Dr. César Milstein a co-dezvoltat tehnica de producere a anticorpilor monoclonali, care sunt utilizați într-o gamă largă de tratamente medicale, inclusiv terapii împotriva cancerului.

Născut în Japonia, Dr. Shinya Yamanaka a făcut descoperiri revoluționare în domeniul cercetării celulelor stem. El a dezvoltat o metodă de reprogramare a celulelor adulte în celule stem pluripotente induse (iPSC), care au potențialul de a revoluționa medicina regenerativă.

Bogăția unui popor și a culturilor sale se bazează întotdeauna pe influența altora, însă aroganța și ipocrizia îi determină pe oameni să se mândrească cu lucrurile pe care le-au copiat și să-i uite pe cei care au contribuit, ba chiar să-i denigreze și să-i discrimineze. Statele Unite sunt un bun exemplu în acest sens, așa că haideți să analizăm mai atent modul în care națiunile care au modelat cultura americană au fost influențate de alte națiuni:

1. Conceptul de pâine plată acoperită cu ingrediente datează din Grecia și Roma antice. Grecii aveau o pâine plată numită „plakous", care era acoperită cu diverse ingrediente, și au învățat această rețetă din contactul cu arabii, deoarece era comună în Orientul Mijlociu. Pe vremea împăratului Augustus (27 î.Hr. - 14 d.Hr.), când Grecia era pe deplin integrată în Imperiul Roman, aceasta a influențat bucătăria romană, iar pizza a fost introdusă în Italia. Pizza modernă, așa cum o știm noi, a fost dezvoltată în Napoli, Italia, în secolul al XVIII-lea. Adăugarea roșiilor, aduse în Europa din America, a fost o inovație importantă.

2. Cucerirea spaniolă a Mexicului a introdus noi ingrediente, precum grâul, orezul și vitele, precum și tehnici culinare și mâncăruri din Spania și alte țări europene. Comerțul transatlantic

cu sclavi a adus influențe africane, iar ruta comercială Manila Galleon a introdus ulterior ingrediente și tehnici culinare asiatice în Mexic.

3. Blugii își au originea în tradițiile textile ale Europei, în special în orașele Genova din Italia și Nîmes din Franța. Cuvântul „denim" provine de la „serge de Nîmes", o țesătură rezistentă din Nîmes.

Capitolul 19:
Mentalitatea binară

De mii de ani, istoria ne arată că progresul se realizează prin interacțiunea diferitelor culturi, nu prin segregare, rasism și discriminare. Deși schimburile dintre culturi nu au fost întotdeauna pașnice, ele au fost întotdeauna îmbogățitoare în termeni de diversitate, oportunități și creativitate. Prin urmare, este la fel de prostesc să crezi că o cultură este superioară alteia, cum este să crezi că o carte este mai bună decât alta sau că o experiență culturală și o carte sunt suficiente pentru o viață întreagă. Ce existență mizerabilă este aceasta, pentru că numai un imbecil ar gândi astfel în lumea de astăzi, cu abundența ei de oportunități de explorare și de lucruri de învățat.

Bogăția companiilor și a națiunilor, după cum putem vedea din exemplele anterioare, a fost creată printr-un schimb intercontinental de cunoștințe, facilitat acum de utilizarea sateliților și a internetului. Ceea ce este cu adevărat stupid în lumea de astăzi este să risipim toată această bogăție de cunoștințe și oportunități și să decidem că nimeni nu trebuie să se schimbe sau să interacționeze cu alți oameni. Asta înseamnă să te întorci în timp cu creierul. Dar numai retardații mintal ar promova astfel de ideologii, așa că este periculos să îi asculți pe idioții lumii. Ei sunt bolnavi mintal. Ideologiile lor sunt ideile oamenilor bolnavi mintal și apar ca o boală. Ei ar trebui să fie văzuți ca niște oameni bolnavi care nu merită să fie luați în serios.

Oricine are suficient discernământ ar trebui să fie capabil să vadă acest lucru, dar proștii îi conduc întotdeauna pe proști la propria lor distrugere. Amintiți-vă că mulți dintre cei mai periculoși lideri aflați astăzi la putere nu ar fi fost acolo dacă nu ar fi fost sprijiniți de alți lideri și de oamenii care le-au dat această putere. Din punct de vedere istoric, liderii nebuni sunt întotdeauna o reprezentare a tendințelor autodistructive ale poporului lor, iar proștii susțin întotdeauna liderii care îi vor sfârși pe ei și pe viitorii lor urmași.

Problema cu mulți oameni răi din această lume este că au reușit să se facă să pară normali. Ca urmare, ei nici măcar nu se văd ca fiind răi, ci ca fiind inteligenți. În consecință, ceilalți îi văd adesea ca având succes sau fiind mai inteligenți decât toți ceilalți.

Rezultatul este o obsesie pentru modul în care societatea gândește și judecă, teama că adevărul despre sine și minciunile spuse vor fi descoperite și, în același timp, dorința de a obține aprobarea oamenilor. Acest lucru creează un conflict intern între dorința de a se simți validat și o tendință spre depresie atunci când această validare nu are loc. De asemenea, duce la o ură enormă și la invidie față de cei care au o situație mai bună, la tendința de a se gândi prea mult la modalități de a se răzbuna pe alții și de a le distruge viețile prin campanii de defăimare, precum și la tendința de a abuza de alcool și droguri pentru a-și calma mintea. Substanțele pe care le aleg îi aruncă într-un rollercoaster și mai mare de anxietate și depresie.

Cei mai mulți dintre ei dezvoltă pur și simplu dependențe, fie de sex, fie de droguri sau de ambele. În esență, personalitatea malefică dezvoltă un stil de viață aparte. Dar devin, de asemenea, obsedați de bani, deoarece este un mijloc de a obține mai mult control asupra celorlalți și îi folosesc pentru a-i manipula pe ceilalți oameni.

Mulți se sinucid în prostia lor pentru că au supărat persoana nepotrivită. Alții sunt atât de egocentrici încât fac o greșeală care îi costă viața, cum ar fi să conducă prea repede fără să țină cont de ceilalți sau să ia medicamentul greșit. Dar, în general, nu se consideră proști sau antisociali, ci doar cred că a-i răni pe alții îi face mai inteligenți și mai superiori. Au o natură competitivă. Este ca și cum nu ar avea suflet, așa că mințile lor sunt ușor influențate de entități demonice. De fapt, ei au multe gânduri care sunt destul de nebunești.

Întrebați-i: „Vă gândiți mult?

Ei vor răspunde: „Da, nu toată lumea o face? Eu nu am niciodată liniște sufletească!"

Apoi întreabă-i despre ce, iar ei vor ascunde sau vor dezvălui niște fantezii foarte întunecate. Multe dintre ele sunt atât de dezgustătoare încât te întrebi de ce li se pare amuzant, iar aceasta este o altă caracteristică a acestor indivizi, deoarece le face plăcere să desfășoare cele mai perverse și dezgustătoare activități. Ei pur și simplu nu gândesc ca oamenii normali și, dacă pot scăpa cu o crimă, o vor face, motiv pentru care forma lor preferată de crimă este să facă pe cineva să se sinucidă.

Ceea ce noi definim drept acte antisociale, individul prost consideră că este el însuși, pentru că este antisocial, deși mulți oameni s-ar putea să nu vadă lucrurile așa, pentru că ei nu par să aibă dificultăți în a vorbi cu ceilalți. Cu toate acestea, mulți dictatori au fost indivizi antisociali, motiv pentru care au fost capabili să ucidă atât de mulți oameni fără să aibă o conștiință vinovată.

Frecvența răutății și a prostiei ca trăsătură antisocială este atât de scăzută încât anulează caracteristicile cu frecvență mai mare asociate empatiei, compasiunii și creativității. Dar acest lucru înseamnă, de asemenea, că aceste persoane suferă de o incapacitate de a simți plăcere reală, de o incapacitate de a înțelege informații complexe, de o incapacitate de a înțelege ce gândesc alți oameni atunci când nu sunt aliniați la mentalitatea binară a câștigătorilor și învinșilor și de o incapacitate de a visa.

Mulți dintre ei pur și simplu nu au vise sau ambiții dincolo de a controla alți oameni și de a obține aprobarea lor. Ei sunt obsedați de ideea delirantă că trebuie să fie adorați fără un motiv anume.

Aceste caracteristici devin din ce în ce mai frecvente deoarece există un număr mare de oameni în lume care sunt consumați de vibrații și gânduri negative, iar acest număr crește rapid. Îi puteți găsi în majoritatea conversațiilor, deoarece par prea proști pentru a înțelege ce spun ceilalți și prea imaturi pentru a accepta opinii diferite, prea egocentrici pentru a vorbi fără să se uite cine câștigă și cine pierde în bătălia de colectare a informațiilor și prea narcisiști pentru a le păsa cu adevărat de ceea ce tocmai am spus.

În esență, sunt prea proști să învețe pentru că se cred mai deștepți decât toți ceilalți, iar aceștia sunt oamenii proști. Este o comunitate imensă în care nu sunt niciodată singuri, cu excepția faptului că se simt singuri pentru că se urăsc între ei și pe ei înșiși.

Este important să îi identificăm, nu doar pentru a-i evita, ci pentru a ști în cine să avem încredere. Fără această capacitate de discernământ, putem fi conduși să credem că societatea în ansamblu este fără speranță. Putem ajunge chiar să avem încredere în minciunile care sunt spuse pentru a ne degrada dacă nu învățăm să identificăm răul dintre noi. A vedea ce sunt aceștia ne salvează de propriile noastre nenorociri și ne menține sănătoși.

Capitolul 20: Tendința de confirmare și camerele de ecou

Motivul pentru care mulți oameni nu reușesc să recunoască vampirii energetici pentru ceea ce sunt atunci când își dau seama de propriile greșeli și neadevăruri este legat de disonanța cognitivă. Aceasta apare atunci când o persoană are simultan două sau mai multe convingeri, idei sau valori contradictorii sau când este confruntată cu informații noi care intră în conflict cu convingerile existente. Acest disconfort duce adesea la eforturi iraționale și uneori inadaptate de a reduce disonanța, de obicei prin respingerea, explicarea sau evitarea informațiilor noi.

Persistența acestei disonanțe cognitive la scară socială poate fi atribuită mai multor factori. În primul rând, tendința inerentă a creierului uman de confirmare predispune indivizii să caute informații care le confirmă convingerile existente, ignorând dovezile contradictorii. Această tendință, atunci când este amplificată de camerele de ecou create de algoritmii social media și de expunerea selectivă la informații, poate duce la înrădăcinarea convingerilor false și la perpetuarea prostiei sociale.

În plus, efectul Dunning-Kruger, o prejudecată cognitivă prin care persoanele cu cunoștințe sau experiență limitate într-un anumit domeniu își supraestimează abilitățile, contribuie semnificativ la paradoxul inteligenței și ignoranței. Acest efect nu numai că duce la un proces decizional deficitar, dar creează și o barieră în calea învățării și a autodepășirii. Persoanele afectate de această prejudecată sunt, în general, cele mai puțin predispuse să își recunoască propriile limite, exacerbând și mai mult problema prostiei sociale.

Rolul investiției emoționale în convingeri nu poate fi supraestimat în înțelegerea acestui paradox. Multe convingeri, în special cele legate de ideologii politice, credințe religioase sau identități culturale, sunt strâns legate de sentimentul de identitate și de apartenență al unei persoane. Punerea în discuție a acestor convingeri poate declanșa un răspuns de amenințare, conducând la comportamente defensive și distorsiuni cognitive care servesc la protejarea integrității psihologice a individului în detrimentul gândirii raționale.

În plus, complexitatea societății moderne și cantitatea mare de informații disponibile pot supraîncărca capacitățile cognitive, ducând la ceea ce psihologul Barry Schwartz a numit „paradoxul alegerii". Atunci când se confruntă cu o abundență de informații și opțiuni, persoanele se pot baza pe euristici simpliste sau pe scurtături ideologice pentru a naviga în lume, adesea în detrimentul înțelegerii nuanțate și al gândirii critice.

Consecințele acestei disonanțe cognitive la nivel social sunt profunde și de mare anvergură. Ea poate duce la polarizarea comunităților, la erodarea încrederii în instituții și la inhibarea rezolvării colective a problemelor. Rezolvarea acestei probleme necesită o abordare multilaterală care să recunoască complexitatea cogniției umane și a dinamicii sociale. Sistemele educaționale trebuie să evolueze nu numai pentru a transmite cunoștințe, ci și pentru a promova gândirea critică, metacogniția și umilința intelectuală. Aceste competențe sunt esențiale pentru navigarea în peisajul informațional al secolului XXI și pentru recunoașterea și atenuarea propriilor prejudecăți cognitive.

În plus, eforturile de combatere a dezinformării și de promovare a culturii științifice trebuie să fie însoțite de strategii care să abordeze aspectele emoționale și identitare ale formării convingerilor. Acestea pot include crearea unor spații de dialog care să permită explorarea diverselor perspective fără a amenința identitățile de bază, precum și dezvoltarea unor strategii de comunicare care să prezinte noile informații într-un mod care să nu declanșeze reacții defensive.

Sectoarele media și tehnologiei au, de asemenea, un rol-cheie în abordarea prostiei sociale. Platformele de social media și organizațiile de știri trebuie să își asume responsabilitatea de a modela discursul public și diseminarea informațiilor. Implementarea algoritmilor care promovează puncte de vedere diverse și acuratețea faptelor, mai degrabă decât implicarea cu orice preț, ar putea contribui la atenuarea efectului de cameră de ecou și la expunerea persoanelor la o gamă mai largă de idei și dovezi.

La nivel politic, guvernele și instituțiile ar trebui să acorde prioritate transparenței și procesului decizional bazat pe dovezi. Prin modelarea discursului rațional și demonstrarea beneficiilor practice ale gândirii critice și ale raționamentului științific, liderii pot contribui la schimbarea normelor sociale în sensul valorizării rigorii intelectuale și a minții deschise.

De asemenea, este esențial să se recunoască faptul că a face față prostiei societății nu înseamnă a crea o societate omogenă de indivizi care gândesc la fel. În schimb, este vorba despre promovarea unei culturi care valorizează curiozitatea intelectuală, respectă dovezile și acceptă complexitatea lumii. Această cultură ar trebui să încurajeze scepticismul sănătos și dezbaterea, menținând în același timp un angajament față de faptele comune și discursul rațional.

Calea către depășirea disonanței cognitive a prostiei societății nu este nici simplă, nici scurtă. Aceasta necesită efort continuu, răbdare și dorința de a confrunta adevăruri incomode despre cogniția umană și comportamentul social. Cu toate acestea, miza nu ar putea fi mai mare. Într-o lume interconectată care se confruntă cu provocări fără precedent, capacitatea noastră colectivă de a gândi critic, de a raționa eficient și de a ne adapta la noile informații ar putea determina cursul civilizației umane.

Tendințele cognitive și disonanțele care contribuie la prostia societății nu sunt defecte de caracter, ci aspecte fundamentale ale psihologiei umane. Recunoscând vulnerabilitatea noastră comună la aceste capcane cognitive, putem lucra împreună pentru a crea sisteme și culturi care să scoată la iveală cele mai bune raționamente și decizii umane. Acest lucru ne va face să fim mai bine echipați pentru a opri influența vampirilor energetici și a altor personalități toxice din lume.

Capitolul 21: Cea mai bună versiune a ta

Ce se întâmplă dacă tu ești visul altcuiva? Dacă cel pe care l-ai pierdut în viață visează la viața pe care o ai acum și crede că este doar un vis?

Tot ceea ce poți visa despre tine se întâmplă deja într-o realitate paralelă cu a ta. Tu ești tot ceea ce poți visa despre tine, cu bune și rele. Dar dacă permiți vampirilor energetici să te doboare și să nege potențialul cu care te-ai născut, nu vei descoperi niciodată cine poți fi.

Ai luat o decizie înțeleaptă când ai citit această carte, pentru că ți-a deschis ochii asupra unei realități care îți era ascunsă, o realitate care, deși invizibilă, încă te condiționa să accepți minciuni despre tine și despre viață, astfel încât să te conformezi și să trăiești o viață mediocră ca toți ceilalți.

Acum știi că ți s-a spus o fantezie pentru a-ți ține sufletul captiv în această lume. Ai șansa de a te elibera pentru a îmbrățișa posibilități imprevizibile. Poți să treci în alte realități și să vezi cu ochii tăi ceea ce ți-a fost refuzat de oamenii pe care i-ai întâlnit pe acest traseu al timpului. Odată ce ajungi de partea cealaltă și vezi posibilitățile ascunse, poți deveni cea mai bună versiune a ta și poți realiza inimaginabilul.

De-a lungul drumului, te vei confrunta cu o opoziție feroce, amenințări și multe insulte. Ei vor să te oprească să ajungi acolo, în această lume nouă, lumea celor mai incredibile vise ale tale. Dar cum aceasta este ascunsă pe un alt plan al realității, nu-i vei găsi acolo pe cei care ți s-au opus. Ei vor găsi motive să părăsească viața ta pe măsură ce te apropii de obiectivul tău, chiar dându-ți vina pentru ceva ce ei ar face întotdeauna. Întotdeauna vei pierde prieteni și rude pe drumul către cele mai incredibile vise ale tale. Cu cât ei cred mai puțin, cu atât sunt mai puține șanse să vă întâlniți cu ei acolo.

Consideră că este o binecuvântare faptul că ți se opun, pentru că doar cei care se mișcă suficient de repede se vor confrunta cu opoziție. Așadar, atunci când îți trăiești cele mai incredibile vise și nu există nimic din ceea ce ți-ai putea dori sau visa, amintește-ți că trăiești cea mai bună versiune a eului tău mai vechi. În acel moment, în trecut, realitatea de astăzi era doar un vis.

Trăiește cu curaj și bucură-te de tot ce are viața mai bun de oferit. Pe măsură ce îți realizezi visele, nu uita să rămâi modest și să nu uiți niciodată că există și alți oameni ca tine care caută aceleași oportunități și suferințe. Împărtășește cu ei înțelepciunea și cărțile care te-au adus acolo. Nu fi egoist, așa cum au fost alții cu tine atunci când nu aveai oportunități. Chiar și autorul acestei cărți împărtășește cu voi ceva ce i-a luat zeci de ani să învețe despre lume.

Să știți că deseori eșuăm nu pentru că nu avem vise, nici pentru că nu avem suficiente cunoștințe, ci pentru că am fost răniți și profund răniți de oameni foarte răi.

Religia ne spune să ne iubim familia și să acceptăm tot ceea ce fac, să îi ascultăm și să fim aproape de ei. Societatea te condamnă dacă respingi ideea că ar trebui să fii recunoscător că doi adulți au făcut sex fără prezervativ și, ca urmare, te-ai născut. Societatea îți spune că ar trebui să le fii veșnic îndatorat celor doi adulți care te-au adus pe lume prin sex. Societatea îți spune că le datorezi mâncare și un loc unde să dormi. Acestea sunt minciuni menite să vă țină captivi în vinovăție. Aceste minciuni îți fură elementul spiritual.

Ești un suflet etern cu multă experiență. Uneori ai fost norocos, alteori ai fost ghinionist, dar nu ai încetat niciodată să fii tu însuți. Poate că ți-ai uitat identitatea, dar ea era încă acolo, chiar și atunci când credeai că ești doar un prost.

Părinții mei m-au făcut să mă simt prost și m-au făcut prost toată viața, așa că m-am simțit prost și m-am comportat ca un prost. Bineînțeles, ceilalți copii se purtau ca și cum aș fi fost prost și au întărit această convingere în mine. Nu puteam să memorez sau să rețin informații și, prin urmare, am picat examenele școlare, pentru că așa reacționează corpul și mintea la convingerile tale. Credeam că nu am niciun viitor, deoarece notele mele la școală arătau acest lucru. Când am început să descopăr adevărul, lumea s-a întors împotriva mea și am rămas fără adăpost. Am fost abandonat de toată lumea, inclusiv de prieteni și de familie.

Dumnezeu mi-a arătat calea și m-a făcut scriitor, dar pur și simplu a îndepărtat straturile de minciuni care îmi acopereau sufletul și m-a condus la adevărul despre cine sunt. A lucra pentru Dumnezeu este același lucru cu a lucra pentru mine. Dar nu vă spun asta dintr-o perspectivă religioasă pentru că nu am găsit adevărul în nicio religie. Creștinii, hindușii, budiștii, rosicrucienii, francmasonii și mulți alții sunt cu toții pierduți. Ei nu știu nimic și nu văd nimic. Dacă vreți o carte religioasă adevărată, adunați colecția mea de cărți și tratați-le ca pe una singură. Există lucruri în cuvintele mele pe care chiar și eu a trebuit să le descopăr pentru mine când nu am putut găsi o singură carte cu răspunsul. Viața mea este la fel de miraculoasă ca miracolele pe care mi le-am creat cu ceea ce nu știam. Dar acum, cunoscând adevărul, este mai ușor să ignor o lume de proști. Când știi, știi, așa că lasă morții să îngroape morții.

În viața mea, și ca urmare a importanței numeroaselor locuri de muncă pe care le-am avut, am cunoscut mii de oameni, dar nu am întâlnit niciodată pe cineva demn de reținut într-o mare de prostie. Masele sunt apatice sau lucrează din greu pentru a-i distruge pe cei care caută oportunități mai bune pentru ei înșiși. Unii vor reapărea mai târziu, dar numai pentru a pretinde o formă de empatie și prietenie care nu a existat niciodată. Cu siguranță nu atunci când a fost cea mai mare nevoie.

În cele din urmă, am învățat că nu este o problemă să ai întreaga lume împotriva ta, pentru că întreaga lume greșește. Lumea este formată din idioți cu retard mintal. Faptul că este tabu să spui sau să scrii acest lucru dovedește acest lucru. Dar întotdeauna a fost așa și probabil că așa va fi mereu.

Nu ai voie să vorbeşti despre aceste lucruri şi eşti chiar condamnat pentru că o faci, ceea ce îl face un secret mai mare decât oricare altul, pentru că este chiar în faţa noastră şi totuşi nu îl putem vedea.

Consecinţa este în însăşi existenţa ta. Nu vei fi niciodată atât de bun pe cât îţi permit alţii să fii dacă îi laşi să facă această alegere pentru tine. Poate că cea mai mare provocare cu care se poate confrunta un empatic nu este nevoia de respect, ci capacitatea de a spune nu la miliarde de idioţi. Este uşor să spui nu miliardelor de zombi atunci când vor să te prindă şi tu ai o armă în mână. Este cu totul altceva atunci când ei arată ca nişte oameni normali pe care îi întâlneşti în viaţa de zi cu zi şi îţi spun că viaţa ta este normală şi că ar trebui să te conformezi la ceea ce îţi spun aceiaşi zombi.

Trezirea la adevăr înseamnă să ştii toate acestea şi să continui să fii tu însuţi. Nimic în lume nu se va schimba, dar tu te vei schimba. Veţi ajunge să vă cunoaşteţi în timp ce alţii vă spun că sunteţi altcineva. Vei face ceea ce se spune că este imposibil. Dar, de asemenea, vei face din extraordinar o parte normală a vieţii tale, pentru că eşti doar tu însuţi. Diferenţa este că nu veţi mai fi păcăliţi de alţii. Vei vedea în întuneric, pentru că simţurile tale au fost trezite la un adevăr mai profund. Vampirii energetici nu se mai pot ascunde, pentru că această cunoaştere ţi-a dat ochi spirituali pentru a-i identifica. Acum sunteţi liberi să deveniţi cea mai bună versiune a voastră.

Glosar

Abuz narcisist: Un model de comportament manipulator și de control manifestat de indivizi cu trăsături narcisiste. Acesta poate include manipularea emoțională, distorsionarea faptelor și subminarea stimei de sine a victimei.

Autoimpatie: practica de a manifesta compasiune și înțelegere față de sine însuși. Dezvoltarea empatiei de sine este fundamentală pentru ca empaticii să stabilească limite sănătoase și să depășească ciclurile de abuz.

Apărări aloplastice: Un mecanism de coping în care indivizii încearcă să schimbe mediul sau alte persoane în loc să se adapteze pentru a face față stresului sau conflictului. De exemplu, un vampir energetic poate da vina pe alții pentru problemele sale în loc să se ocupe de propriul comportament.

Disonanță cognitivă: Disconfortul mental resimțit atunci când ai convingeri, idei sau valori contradictorii sau când ești confruntat cu informații noi care intră în conflict cu convingerile existente. Acest lucru poate duce la eforturi iraționale de a reduce disconfortul, cum ar fi respingerea sau evitarea informațiilor noi.

DSM-5: Manualul de diagnostic și statistică a tulburărilor mintale, ediția a 5-a, care organizează tulburările de personalitate în trei grupuri (A, B și C) pe baza unor caracteristici comune.

Efectul Dunning-Kruger: O prejudecată cognitivă prin care persoanele cu cunoștințe sau experiență limitate într-un domeniu își supraestimează abilitățile. Acest efect poate duce la luarea unor decizii greșite și poate crea obstacole în calea învățării și a îmbunătățirii personale.

Empatic: o persoană foarte sensibilă la emoțiile și experiențele celorlalți. Empaticii sunt adesea ținte ale abuzurilor narcisiste din cauza tendinței lor de a accepta diferențele celorlalți și de a căuta acordul.

Prostie socială: O stare colectivă de ignoranță, dezinformare sau lipsă de gândire critică care poate duce la luarea unor decizii greșite și poate împiedica progresul. Factorii care contribuie la stupiditatea socială includ prejudecățile cognitive, camerele de ecou și rezistența la informații noi.

Locus de control extern: convingerea că viața unei persoane este controlată în principal de factori externi și nu de acțiunile personale. Vampirii energetici manifestă adesea această trăsătură dând vina pe alții sau pe circumstanțe pentru problemele lor.

Paradoxul alegerii: Un concept introdus de psihologul Barry Schwartz care sugerează că o abundență de opțiuni poate duce la anxietate și paralizie decizională. În contextul prostiei sociale, acest lucru poate duce la dependența de euristici simpliste sau de scurtături ideologice.

Tulburări de personalitate de grup A: Un grup de tulburări de personalitate caracterizate prin comportamente și gânduri ciudate sau excentrice, inclusiv tulburări de personalitate paranoide, schizoide și schizotipale. De exemplu, un antreprenor cu tulburare de personalitate paranoidă poate rezilia brusc contracte cu parteneri vechi pe baza unor suspiciuni nefondate.

Tulburări de personalitate de grup B: Un grup de tulburări de personalitate caracterizate prin comportament dramatic, emoțional sau neregulat. Persoanele cu aceste tulburări se luptă adesea să-și formeze o identitate centrală stabilă și pot depinde de validarea externă pentru a se valoriza.

Vampir energetic: Termen utilizat pentru a descrie persoanele care consumă energia și motivația celorlalți prin comportamentul lor, asociat de obicei cu tulburări de personalitate sau trăsături toxice. Vampirii de energie pot prezenta caracteristici precum critica constantă, negativismul sau manipularea.

Tendința de confirmare: tendința de a căuta informații care confirmă convingerile existente, ignorând dovezile contradictorii. Această tendință poate duce la înrădăcinarea credințelor false și poate contribui la stupiditatea societății.

Bibliografie

American Journal of Psychiatry (n.red.). Studiu privind prevalența tulburărilor de personalitate în populația generală.

British Journal of Psychiatry (n.red.). Study on the prevalence of personality disorders in the community (Studiu privind prevalența tulburărilor de personalitate în comunitate).

Diagnostic and Statistical Manual of Mental Disorders (DSM-5). (n.red.). Utilizat pe scară largă de profesioniștii din domeniul sănătății mintale pentru diagnosticarea afecțiunilor psihologice.

Duckitt, J., & Sibley, C. G. (2009). Cercetare publicată în revista Intelligence care arată legătura dintre capacitatea cognitivă scăzută și atitudinile negative față de minorități.

International Journal of Neuropsychopharmacology (n.red.). Studiu realizat de C. Laske și colegii săi privind efectele exercițiilor fizice asupra nivelului factorului neurotrofic derivat din creier (BDNF).

Journal of Personality Disorders (n.red.). Studiu care sugerează că medicii de îngrijire primară pot eșua în diagnosticarea tulburărilor de personalitate la mulți dintre pacienții lor.

Laske, C., et al. (2010). Studiu privind impactul unei singure sesiuni de exerciții fizice asupra nivelului BDNF la femeile în vârstă cu depresie majoră remisă.

Universitatea din California, Berkeley (n.red.). Studiu privind relația dintre intelect și interacțiunile interpersonale.

Cerere de recenzie de carte

Dragă cititorule,

Îți mulțumim că ai cumpărat această carte! Mi-ar plăcea să primesc vești de la dumneavoastră. Scrierea unei recenzii de carte ne ajută să ne înțelegem cititorii și, de asemenea, influențează deciziile de cumpărare ale altor cititori. Opinia dumneavoastră este importantă. Vă rugăm să scrieți o recenzie de carte! Bunăvoința dumneavoastră este foarte apreciată!

Despre autor

Dan Desmarques este un autor de renume, cu un palmares remarcabil în lumea literară. Cu un portofoliu impresionant de 28 de bestselleruri pe Amazon, inclusiv opt bestselleruri numărul 1, Dan este o figură respectată în industrie. Bazându-se pe trecutul său de profesor universitar de scriere academică și creativă, precum și pe experiența sa de consultant de afaceri experimentat, Dan aduce o combinație unică de expertiză în munca sa. Perspectivele sale profunde și conținutul său transformator se adresează unui public larg, acoperind subiecte atât de diverse precum creșterea personală, succesul, spiritualitatea și sensul profund al vieții. Prin intermediul scrierilor sale, Dan îi împuternicește pe cititori să se elibereze de limitări, să-și elibereze potențialul interior și să pornească într-o călătorie de autodescoperire și transformare. Pe o piață competitivă de auto-ajutorare, talentul excepțional și poveștile inspirate ale lui Dan fac din el un autor de excepție, motivându-i pe cititori să se implice în cărțile sale și să pornească pe calea creșterii și iluminării personale.

Scris tot de autor

1. 66 Days to Change Your Life: 12 Steps to Effortlessly Remove Mental Blocks, Reprogram Your Brain and Become a Money Magnet

2. A New Way of Being: How to Rewire Your Brain and Take Control of Your Life

3. Abnormal: How to Train Yourself to Think Differently and Permanently Overcome Evil Thoughts

4. Alignment: The Process of Transmutation Within the Mechanics of Life

5. Audacity: How to Make Fast and Efficient Decisions in Any Situation

6. Christ Cult Codex: The Untold Secrets of the Abrahamic Religions and the Cult of Jesus

7. Codex Illuminatus: Quotes & Sayings of Dan Desmarques

8. Collective Consciousness: How to Transcend Mass Consciousness and Become One With the Universe

9. Creativity: Everything You Always Wanted to Know About How to Use Your Imagination to Create Original Art That People Admire

10. Deception: When Everything You Know about God is Wrong

11. Demigod: What Happens When You Transcend The Human Nature?

12. Discernment: How Do Your Emotions Affect Moral Decision-Making?

13. Eclipsing Mediocrity: How to Unveil Hidden Realities and Master Life's Challenges

14. Fearless: Powerful Ways to Get Abundance Flowing into Your Life

15. Feel, Think and Grow Rich: 4 Elements to Attract Success in Life

16. Find Your Flow: How to Get Wisdom and Knowledge from God

17. Holistic Psychology: 77 Secrets about the Mind That They Don't Want You to Know

18. How to Change the World: The Path of Global Ascension

Through Consciousness

19. How to Get Lucky: How to Change Your Mind and Get Anything in Life

20. How to Improve Your Self-Esteem: 34 Essential Life Lessons Everyone Should Learn to Find Genuine Happiness

21. How to Study and Understand Anything: Discovering The Secrets of the Greatest Geniuses in History

22. Legacy: How to Build a Life Worth Remembering

23. Religious Leadership: The 8 Rules Behind Successful Congregations

24. Reset: How to Observe Life Through the Hidden Dimensions of Reality and Change Your Destiny

25. Resilience: The Art of Confronting Reality Against the Odds

26. Singularity: What to Do When You Lose Hope in Everything

27. Spiritual Warfare: What You Need to Know About Overcoming Adversity

28. Starseed: Secret Teachings about Heaven and the Future of Humanity

29. Technocracy: The New World Order of the Illuminati

and The Battle Between Good and Evil

30. The 10 Laws of Transmutation: The Multidimensional Power of Your Subconscious Mind

31. The 14 Karmic Laws of Love: How to Develop a Healthy and Conscious Relationship With Your Soulmate

32. The 33 Laws of Persistence: How to Overcome Obstacles and Upgrade Your Mindset for Success

33. The 36 Laws of Happiness: How to Solve Urgent Problems and Create a Better Future

34. The Alchemy of Truth: Embracing Change and Transcending Time

35. The Antagonists: What Makes a Successful Person Different?

36. The Antichrist: The Grand Plan of Total Global Enslavement

37. The Awakening: How to Turn Darkness Into Light and Ascend to Higher Dimensions of Existence

38. The Egyptian Mysteries: Essential Hermetic Teachings for a Complete Spiritual Reformation

39. The Evil Within: The Spiritual Battle in Your Mind Deception: When Everything You Know about God is Wrong

40. The Game of Life and How to Play It: How to Get Anything You Want in Life

41. The Hidden Language of God: How to Find a Balance Between Freedom and Responsibility

42. The Most Powerful Quotes: 400 Motivational Quotes and Sayings

43. The Secret Beliefs of The Illuminati: The Complete Truth About Manifesting Money Using The Law of Attraction That is Being Hidden From You

44. The Secret Empire: The Hidden Truth Behind the Power Elite and the Knights of the New World Order

45. The Secret Science of the Soul: How to Transcend Common Sense and Get What You Really Want From Life

46. The Spiritual Laws of Money: The 31 Best-kept Secrets to Life-long Abundance

47. The Spiritual Mechanics of Love: Secrets They Don't Want You to Know about Understanding and Processing Emotions

48. Unacknowledged: How Negative Emotions Affect Your Mental Health?

49. Unapologetic: Taking Control of Your Mind for a Happier and Healthier Life

50. Uncommon: Transcending the Lies of the Mental Health Industry

51. Unlocked: How to Get Answers from Your Subconscious Mind and Control Your Life

52. Your Full Potential: How to Overcome Fear and Solve Any Problem

53. Your Soul Purpose: Reincarnation and the Spectrum of Consciousness in Human Evolution

Despre editor

Această carte a fost publicată de Editura 22 Lions Publishing.

www.22Lions.com

Printed in the USA
CPSIA information can be obtained
at www.ICGtesting.com
LVHW021238081024
793246LV00013B/660

9 798330 447848